रज़ा पुस्तक माला

भव्यता का रंगकर्म

रतन थियाम से उदयन वाजपेयी का संवाद

रज़ा फ़ाउण्डेशन | THE RAZA FOUNDATION

भव्यता का रंगकर्म

रतन थियाम से उदयन वाजपेयी का संवाद

उदयन वाजपेयी

राजकमल प्रकाशन

रज़ा पुस्तक माला : संवाद

प्रधान सम्पादक : अशोक वाजपेयी | सम्पादक : पीयूष दईया

राजकमल प्रकाशन प्रा.लि. और रज़ा फ़ाउण्डेशन का सह-प्रकाशन

ISBN : 978-93-87462-09-0

मूल्य : ₹350

पहला संस्करण : 2018

प्रकाशक : राजकमल प्रकाशन प्रा. लि.
1-बी, नेताजी सुभाष मार्ग, दरियागंज
नई दिल्ली-110 002

शाखाएँ : अशोक राजपथ, साइंस कॉलेज के सामने, पटना-800 006
पहली मंजिल, दरबारी बिल्डिंग, महात्मा गांधी मार्ग, इलाहाबाद-211 001
36 ए, शेक्सपियर सरणी, कोलकाता-700 017

वेबसाइट : www.rajkamalprakashan.com
ई-मेल : info@rajkamalprakashan.com

मुद्रक : यश प्रिंटोग्राफिक्स
नोएडा-201301 (उत्तर प्रदेश)

BHAVYATA KA RANGKARM : RATAN THIYAM SE SAMWAD
(Conversation with Ratan Thiyam) by Udayan Vajpeyi

मणिपुर की समृद्ध कला परम्पराओं के नाम

आमुख

कलाओं में भारतीय आधुनिकता के एक मूर्धन्य सैयद हैदर रज़ा एक अथक और अनोखे चित्रकार तो थे ही उनकी अन्य कलाओं में भी गहरी दिलचस्पी थी। विशेषतः कविता और विचार में। वे हिन्दी को अपनी मातृभाषा मानते थे और हालाँकि उनका फ्रेंच और अँग्रेज़ी का ज्ञान और उन पर अधिकार गहरा था, वे, फ्रांस में साठ वर्ष बिताने के बाद भी, हिन्दी में रमे रहे। यह आकस्मिक नहीं है कि अपने कला-जीवन के उत्तरार्द्ध में उनके सभी चित्रों के शीर्षक हिन्दी में होते थे। वे संसार के श्रेष्ठ चित्रकारों में, २०-२१वीं सदियों में, शायद अकेले हैं जिन्होंने अपने सौ से अधिक चित्रों में देवनागरी में संस्कृत, हिन्दी और उर्दू कविता में पंक्तियाँ अंकित कीं। बरसों तक मैं जब उनके साथ कुछ समय पेरिस में बिताने जाता था तो उनके इसरार पर अपने साथ नवप्रकाशित हिन्दी कविता की पुस्तकें ले जाता था : उनके पुस्तक-संग्रह में, जो अब दिल्ली स्थित रज़ा अभिलेखागार का एक हिस्सा है, हिन्दी कविता का एक बड़ा संग्रह शामिल था।

रज़ा की एक चिन्ता यह भी थी कि हिन्दी में कई विषयों में अच्छी पुस्तकों की कमी है। विशेषतः कलाओं और विचार आदि को लेकर। वे चाहते थे कि हमें कुछ पहल करना चाहिये। २०१६ में साढ़े चौरानवे वर्ष की आयु में उनकी मृत्यु के बाद रज़ा फ़ाउण्डेशन ने उनकी इच्छा का सम्मान करते हुए हिन्दी में कुछ नये क़िस्म की पुस्तकें प्रकाशित करने की पहल *रज़ा पुस्तक माला* के रूप में की है, जिनमें कुछ अप्राप्य पूर्व प्रकाशित पुस्तकों का पुनर्प्रकाशन भी शामिल है। उनमें गांधी, संस्कृति-

चिन्तन, संवाद, भारतीय भाषाओं से विशेषतः कला-चिन्तन के हिन्दी अनुवाद, कविता आदि की पुस्तकें शामिल की जा रही हैं। सभी पुस्तकों पर रज़ा साहब और उनके समकालीन मित्र चित्रकारों आदि की प्रतिकृतियाँ आवरणों पर होंगी।

रतन थियाम आधुनिक भारतीय रंगमंच में एक अनूठी उपस्थिति रहे हैं। उन्होंने मणिपुर की लोक-परम्परा, व्यापक भारतीय परम्परा और आधुनिकता के बीच बहुत सघन-उत्कट और रंग प्रभावी रिश्ता अपने रंगकर्म में खोजा-पाया है। उनसे इस लम्बी बातचीत में उनके रंग-जीवन, संघर्ष, तनावों आदि के साथ-साथ व्यापक भारतीय रंगमंच के द्वन्द्वों और संघर्षों को समझने की दृष्टि मिलती है।

अशोक वाजपेयी

अगस्त २०१७, नयी दिल्ली

प्रस्तावना

एक

इम्फ़ाल जाने के लिये कोलकाता जाना होता है। इम्फ़ाल दूर का शहर लगता रहा है। वहाँ कभी जा सकेंगे, यह इच्छा भले ही मन में रही हो पर यह कभी पूरी हो सकेगी यह विश्वास कम ही रहा है। कोलकाता से वहाँ जाना कुछ वैसा ही था जैसे किसी अनजान व्यक्ति से किसी परिचित के सहारे जान-पहचान हो रही हो। एकबारगी इम्फ़ाल पहुँच जाना शायद कल्पना से बाहर था। पर मेरे कोलकाता होकर वहाँ जाने का एक और कारण था। वह मेरे आस-पास ही कहीं स्पन्दित होता-सा लगता था : इम्फ़ाल जाने से पहले मैं थोड़े-से समय कोलकाता रुककर बाङ्ला कवि शंखो घोष से मिलना चाहता था। वे मेरे प्रिय कवियों में तो हैं ही शायद बाङ्ला भाषा के सबसे बड़े जीवित कवि हैं। मुझे उनकी एक कविता पंक्ति रह-रहकर याद आती है : 'मैं पेड़ को छूने से डरता हूँ, कहीं वह अँग्रेज़ी न बोल दे।' शंखो दा को टैगोर के साहित्य का सबसे गहन विशेषज्ञ माना जाता है। जब मैं कोलकाता पहुँचा, बारिश हो रही थी। नवम्बर के महीने में बारिश का अनुभव हम मध्यदेशीय लोगों को नहीं है। हमारे लिये सितम्बर का सिरा जैसे ही दिखायी देने लगता है, बारिश दूर दिगन्त में जाती हुई दिखायी देने लगती है। कई बार वह अक्टूबर की शुरुआत तक भी फैल जाती है पर बस, इससे आगे वह शायद ही कभी जाती हो। पर उत्तर पूर्वी भारत में बारिश का फैलाव थोड़ा अलग है। जब मैंने रतन थियाम से अक्टूबर के अन्त में इम्फ़ाल आने की बात की थी, वे तपाक् से बोले थे, 'तब इन इलाकों में बारिश होती है!' वहाँ बारिश हो रही थी। कोलकाता भीगा हुआ

था। वहाँ के सत्यजीत रे फ़िल्म संस्थान का एक-एक कण पानी में लिपटा हुआ था। एक इमारत से दूसरी तक जाते हुए बार-बार मेरे सैण्डल भीग जाते थे। संस्थान में ही छोटा-सा तालाब था जिसमें और जिसके चारों ओर पानी ही पानी भरा हुआ था। मैं उसके बगल से चलता हुआ तेज़ गिरती बूँदों से घिरा हुआ उस टैक्सी तक पहुँचा था जिसमें मुझे अपनी कवि मित्र अनुराधा महापात्र के साथ शंखो घोष के घर जाना था। कोलकाता के रास्ते लोगों और कीचड़ से अटे पड़े थे। इतने सारे लोग एक साथ सड़क पर शायद दुनिया के किसी दूसरे शहर में नहीं मिलते होंगे। क्या तोक्यो की भीड़ कोलकाता से टक्कर ले पायेगी? टैक्सी चलती कम थी, चलने का इन्तज़ार अधिक करती थी। गीली सड़कों पर लगभग रेंगते हुए हम उस सड़क के किनारे तक पहुँच गये जिसके निकट शंखो दा का घर था। वे तीसरी मंज़िल पर रहते हैं। 'अच्छा तो तुम रतन थियम से मिलने जा रहे हो।' वे मुझसे बोले। उन्होंने रतन थियाम के कुछ नाटक कोलकाता में देखे थे और वे उन्हें हमारे समय का महत्वपूर्ण रंगकर्मी मानते हैं। वे कुछ देर चुप बैठे रहे मानो भीतर कहीं रतन थियाम के किसी नाटक का कोई दृश्य दोबारा देखने लग गये हों। हमने सुभाष मुखोपाध्याय की भी बातें कीं। मैंने उन्हें बताया कि मुझे सुभाष बाबू की 'जोछी' कविता बहुत पसन्द है। पूरी कविता में कवि अपने जीवन की छोटी से छोटी और बड़ी से बड़ी चीज़ों से विदा ले रहा है। 'जोछी' यानि जा रहा हूँ। वह ईद के चाँद से विदा लेता है, काठ के पीढ़े से और यहाँ तक कि रवि बाबू से भी।

शंखो दा से मिलकर इम्फ़ाल थोड़ा पास लगने लगा था।

दो

अगली सुबह मैं इम्फ़ाल की ओर उड़ चला। मणिपुर की राजधानी इम्फ़ाल। रतन थियाम और कन्हाईलाल जैसे रंग निर्देशकों का शहर इम्फ़ाल। मैत्रेयी और वैष्णव परम्पराओं के अद्वितीय सहकार का शहर इम्फ़ाल। छोटे-से निर्विशेष हवाई अड्डे पर फ़ौज की चौकसी थी। बाहर जदुमनि सिंह मेरा इन्तज़ार कर रहे थे। जदु लम्बे समय तक भोपाल में ब.व. कारन्त के साथ रंगमण्डल में काम करते रहे हैं। उससे पहले वे रतन थियाम के नाटकों में अभिनय कर चुके हैं। वे इन दिनों स्वतन्त्र रंगकर्म करते हैं। उन्हें रतन

थियाम ने ही एक तरह से कारन्त को सौंपा था। इम्फ़ाल का आकाश बारिश के बाद का स्वच्छ नीला था जिस पर मेघों के चकत्ते यहाँ-वहाँ छिटके हुए थे। पानी लेकर आये लगभग सारे मेघ शहर पर बरसकर कुछ देर के लिए जाकर कहीं छिप गये थे। जदु बार-बार मुझे बता रहे थे कि उन दिनों शहर में मनोचिकित्सकों की कोई विराट् राष्ट्रीय गोष्ठी चल रही है इसलिए वे मेरे ठहरने का इन्तज़ाम किसी बेहतर होटल में नहीं कर सके हैं। मैं पूरी उत्सुकता से कार की खिड़की से बाहर झाँक रहा था। भीगे हुए शहर में जगह-जगह कीचड़ भरा हुआ था, सड़को पर वैसी भीड़ तो बिल्कुल भी नहीं थी जैसी मैं कोलकाता में भोग आया था पर फिर भी सड़कों पर बड़ी संख्या में लोग गाड़ियों, साईकिलों और स्कूटरों पर आ-जा रहे थे। पैदल चलने वालों की भी कमी नहीं थी। मैं बार-बार उस हरियाली को ढूँढ रहा था जो मैंने जहाज़ की खिड़की से इम्फ़ाल के फैलाव में बिखरी हुई देखी थी। वह वहीं थी, शहर की सिलवटों में ही पर सड़कों की गाड़ियों और चौकन्ने वर्दीधारियों की भीड़ में ओट हो गयी थी। मैं एक ऐसे शहर में आ गया था जो सुन्दर लगते-लगते रह जा रहा था। कुछ था जो इस शहर की सुन्दरता पर छाया डाले था। अपशकुन-सा कुछ, ऐसा डरावना-सा कुछ जिसकी शायद आदत हो जाती हो।

रतन थियाम से कल मुलाकात हो सकेगी, जदुमनि बता रहे थे। पर हमारे पास लगभग पूरा दिन ख़ाली पड़ा था। मेरे कहने पर जदु मुझे लेकर शहर के बीचोंबीच स्थित ऐतिहासिक कांग्ला क़िला दिखाने ले चले। उसका मुख्य द्वार देखते ही मुझे यह याद आ गया कि मैंने इस स्थान के कुछ चित्र अख़बारों में देख रखे हैं। यह वही स्थान था जहाँ वर्षों तक फ़ौज का दफ़्तर रहा आया था। अभी हाल में वह वहाँ से हटाकर कहीं और बनाया गया है। क़रीब सौ बरस पहले यह मुख्य द्वार बाँसों और लकड़ी का बना था। अँग्रेज़ों ने इसे पक्का, सीमेण्ट का बना दिया था। कांग्ला क़िला संयोग से वही स्थान है जहाँ सदियों से मणिपुर का वह राजतन्त्र संचालित होता आया था जिसकी सुखद स्मृति आज भी मणिपुरी लोगों के अन्तस में रह-रहकर धड़कती है। उन्नीसवीं शती के अन्त में मणिपुरी लोगों के स्वतन्त्रता आन्दोलन को कुचलने के बाद अँग्रेज़ों ने मणिपुर के योद्धा युवराज टिकेन्द्रजीत सिंह को लोगों की चीख़ों और रुदन के बीच इसी क़िले में फाँसी दी थी। कांग्ला क़िले के परिसर में ऊँचे-ऊँचे पेड़ों के बीच दूर-दूर तक घास की हरियाली

फैली थी। परिसर के एक छोर पर पुरानी बनी इमारत में पुरातत्व विभाग का कार्यालय था। इमारत के सामने उसका पत्थर पर नाम खुदा था : स्लिम कॉटेज। यह इमारत की निर्मिति का उत्सव मनाता नाम नहीं, इमारत पर अँग्रेज़ी हुकुमत की मुहर था। वहाँ से निकलकर हम राजा भाग्यचन्द्र के महल की ओर चल दिये। रास्ते में दो बड़े-बड़े भेड़ियों जैसे लगते काल्पनिक कांग्ला शा के शिल्प आकाश की ओर अपना चेहरा किये कुछ चीख़ने की मुद्रा में खड़े थे। वे आर्त्तनाद कर रहे थे या शायद चिंघाड़ रहे थे।

राजा भाग्यचन्द्र का महल ईंटों का बना है और उसके बिल्कुल बगल में कुछ बरस पहले तक श्रीगोविन्द मन्दिर था। पर अब मन्दिर के अवशेष ही बाक़ी हैं, ईटों के बने कुछ खम्बे और उनके बीच आँगन जैसा कुछ। पिछले ही बरस यहाँ राष्ट्रीय नृत्य समारोह हुआ था। इस स्थान को नृत्य समारोह के योग्य रतन थियाम ने ही बनाया था, जदुमणि ने बताया। हम कुछ ही दूर और चले कि सामने बेहद ख़ूबसूरत और असामान्य इमारत दिखायी दी। यह पाखंगबा मन्दिर था। पाखंगबा यानि पुरखों को जानने वाला। इसे भी रतन थियाम ने परिकल्पित किया है। मन्दिर के अनेक स्तरीय शिखर पर अत्यन्त परिष्कृत कपड़े के छत्र नमी से भारी हवा में लहरा रहे थे उसके चारों और हरियाली छायी थी और वह हरे समुद्र में डोलती नाव-सा हमारे सामने खड़ा था। मुझे यह पहली बार पता चल रहा था कि रतन थियाम एक उत्कृष्ट वास्तुकार भी हैं। पर यह मुझे सोच पाना चाहिए था क्योंकि उनके लगभग हर नाटक में मंच पर निरन्तर अनूठे स्थापत्य बनते चलते हैं। वे रंगनिर्देशक ही नहीं, रंगस्थपति भी हैं। इस दृष्टि से उनका 'ऋतुसंहार' देखने लायक है। इस प्रदर्शन में रतन थियाम ने मंच पर सभी छह ऋतुओं के छह अलग स्थापत्य परिकल्पित किये हैं मानो सभी ऋतुओं में जो स्थापत्य टुकड़ों में बिखरे हुए थे, उन्हें एक साथ लाकर मंच पर खड़ा कर दिया गया हो। ऋतुओं के स्थापत्य और उनके रंग।

कांग्ला क़िले का पोलो मैदान जग प्रसिद्ध है। इसी मैदान पर पोलो नामक खेल का जन्म हुआ है। इसी मैदान पर मणिपुरी खिलाड़ी घोड़ों पर बैठकर पोलो खेला करते थे, इसी के बीचोंबीच युवराज टिकेन्द्रजीत को फाँसी दी गयी थी।

जब अँधेरा बढ़ने को हुआ, हम उस जगह के लिए निकल पड़े जहाँ इन दिनों श्रीगोविन्द मन्दिर स्थापित किया गया है। यह वही स्थान है जहाँ विभिन्न अवसरों पर नर्तक-नर्तकियाँ रासलीला और हरि संकीर्तन कर श्रीगोविन्द को आनन्दित किया करते हैं। मन्दिर के आहते में भीड़ नहीं थी। पत्थर के फ़र्श पर जगह-जगह पानी बिखरा था। मन्दिर में तीन पटों के भीतर तीन दैव-द्वय विराजमान थे। मध्य में राधा-कृष्ण, बाँयीं ओर जगन्नाथ, बलभद्र और उनकी बहन सुभद्रा तथा दाँयीं ओर बलराम-कृष्ण। हर दैव-द्वय की अलग-अलग आरती की जा रही है। आरती के साथ मूर्तियों के ठीक सामने के खुले हॉल में मंजीरा लिये कुछ नर्तक और मृदंग वादक नृत्य कर रहे हैं। वे श्वेत वस्त्र पहने हैं, सिर पर श्वेत पगड़ी बँधी है। हर आरती के समाप्त होने पर हम घुटनों पर झुककर उस दैव-द्वय को प्रणाम करते हैं, पुरोहित हमारे सामने अग्नि लाता है (क्योंकि वही हमारी पुकार को देवों तक पहुँचा सकती है!) और हमारे प्रणाम के प्रत्युत्तर में हमारी ओर कुछ 'बतरी' फेंक देता है। 'बतरी' पतली लकड़ी है जिस पर तेल में डूबी कपास लिपटी रहती है। इसे जलाकर ही आरती की जाती है और उसके बाद इस अधजली 'बतरी' को भक्तों को सौंप दिया जाता है : इसे घर में रखने से सौभाग्य आता है।

तीन

मैं कोरस रिपर्टरी थियेटर पहुँचने में देर करना नहीं चाहता था। मुझे पता था, रतन थियाम समय के पाबन्द हैं। मुझे वे हमेशा उनके नाटकों की तरह ही कुछ कुछ रहस्यमय लगते रहे हैं। मैं बहुत सुबह तैयार होकर जदुमणि का इन्तज़ार करने लगा। जदुमणि समय से पहले मुझे लेने आ गये। हम कोरस रिपर्टरी थियेटर की ओर चल दिये। उस दिन इम्फ़ाल की सड़कें सूखी थीं। बारिश का पानी जो मिट्टी सड़क पर खींच लाया था, सुबह की धूप में सूखकर हवा में उड़ रही थी। हमारे दोनों ओर ज़्यादातर एक मंज़िले मकान थे। हम थोड़ी ही दूर चले होंगे कि जदु ने एक गली की ओर इशारा कर कहा, 'इसी गली में रतन दा रहते हैं!' वह गली बिल्कुल साधारण थी। उसके भीतर कोई बड़ा-सा घर होगा, इसकी ज़रा भी सम्भावना नहीं थी। 'रतन दा अपने पैतृक मकान में रहते हैं, वह छोटा-सा है।' जदु बोला। हम धूल उड़ाते हुए आगे निकल गये। हमारी कार जहाँ से मुड़ी, वहाँ छोटे-से

कोरस रिपर्टरी | इम्फ़ाल

तालाब में पानी डोल रहा था। तालाब के किनारे की उबड़-खाबड़ सड़क पर हम कुछ देर चलते रहे। एक दीवार के पास जदु ने अपनी नीली कार रोक दी। हम रतन थियाम के कोरस रिपर्टरी थियेटर पहुँच गये थे। दीवार में बने एक छोटे-से दरवाज़े को पार कर हम एक इमारत के भीतर दाख़िल हुए। प्रवेश द्वार के बगल में किसी नाटक का पोस्टर लगा था और एक ओर लकड़ी का शिल्प रखा था। भीतर गैलरी थी। उसकी दोनों दीवारों पर कोरस रिपर्टरी थियेटर के द्वारा किये गये विभिन्न नाटकों की तस्वीरें प्रदर्शित थीं। बीच-बीच में कुछ प्रतीक चिन्ह भी दिखायी दे रहे थे। हम गैलरी पार कर बाँयीं ओर मुड़े, मैंने देखा सामने छोटी-सी कच्ची गली है। गली के दोनों ओर तरह-तरह के पेड़ और पौधे लगे हुए थे। उनके पीछे कुछ रंग फूलों की सतह पर हिलते हुए महसूस हो रहे थे। गली के ख़त्म होते ही सीढ़ियाँ शुरू हो गयीं। यह कोरस रिपर्टरी का प्रेक्षागृह था। प्रेक्षागृह के बाहरी बरामदे के एक ओर मेज़ और कुर्सियाँ रखी थी। हम वहाँ जाकर बैठ गये। कुछ ही मिनट बाद गहरी नीली रंग की टीशर्ट पहने रतन थियाम आ गये। उनके बैठते ही हमारी बात शुरू हो गयी।

कोरस रिपर्टरी | इम्फ़ाल

रतन थियाम सप्रयास हिन्दी बोलते हैं। यह मेरे लिये सुखद था। मैं जानता हूँ कि हमारे देश के अधिसंख्य कलाकार और बौद्धिक सप्रयास अँग्रेज़ी बोलते हैं। रतन थियाम के मुँह से मणिपुरी लहज़े में बाहर आती हिन्दी कुछ कोमल जान पड़ती है। हिन्दी भाषा का यही कमाल है कि उसमें अनेक कोणों से प्रवेश किया जा सकता है। वे शान्त स्वर में पर फिर भी आवेग के साथ बोलते हैं। हमारी बातचीत की इस पहली किस्त के दौरान प्रेक्षागृह में रिहर्सल कर रहे अभिनेताओं के स्वर हमारे आसपास तैरने लगते। मैं सोचने लगता, पता नहीं कौन-सी दुनिया दीवार के उस ओर आकार ले रही होगी : क्या इब्सन के नाटक की स्वप्न-चरित्र आयरिन बोल रही होगी या उरूभंगम् का दुर्योधन महाभारत के अन्त में ज़मीन पर पड़ा हुआ अपने बेटे से कह रहा होगा, अब मेरे पास गोद है ही कहाँ कि मैं तुम्हें उसमें बिठा सकूँ? या हो सकता है कि दीवार के उस ओर लेडी मैक्बेथ रह-रहकर अपने हाथ धो रही हो कि उससे उनपर लगा ख़ून साफ़ हो सके। रतन थियाम जब-जब भी किसी विचार की गहरी सतह की ओर बढ़ने लगते, उनके हाथ सिगरेट की ओर बढ़ जाते।

चार

बरसों पहले जब मैंने रतन थियाम का 'ऋतुसंहार' देखा था, मैं चमत्कृत रह गया था। यह ऐसा पहला नाटक था जिसमें उच्चारण और रंगों का विलक्षण सम्बन्ध उद्‌घाटित हुआ था। मणिपुरी भाषा में बोले गये कालिदास की कविता के उतार-चढ़ाव मंच पर फैले रंगों के साथ कुछ ऐसी लीला करते थे कि मणिपुरी भाषा को न समझते हुए भी नाटक के भाव किसी रहस्यमय ढंग से मन के भीतर उतर जाते थे। मंच का रंगों के सहारे किया गया विभाजन कुछ ऐसा बोध जगाता था मानो आप किसी बेहद सुन्दर मिनिएचर चित्र के सामने हों। रतन थियाम के नाटकों में मंच पर रंगों का संयोजन सजावट के लिए न होकर प्रेक्षकों को नाटक के गहन स्तरों पर ले जाने के लिए होता है। यहाँ सुन्दर सत्य तक पहुँचने का मार्ग है पर ऐसा मार्ग नहीं जिसको आप उदासीन होकर पार कर सकें। यह वो मार्ग है जो आपको नाटक के सत्य तक पहुँचाने की प्रक्रिया में आनन्द देता रहता है। मेरा यह सौभाग्य ही है कि मैंने रतन थियाम का 'चक्रव्यूह' भी देखा है। यह नाटक महाभारत से ली गयी कथा पर आधारित है। इस नाटक में तरह-तरह से कक्ष्या-विभाजन किया गया था। पर कक्ष्या विभाजन महाभारत की कथा को कहने का उपक्रम उतना नहीं था जितना महाभारत की विराटता को रंगमंच पर लाने का। मंच के पिछले हिस्से में एक उठे हुए प्लेटफार्म पर अर्जुन सुभद्रा को चक्रव्यूह में जाने और उससे निकलने की युक्ति सुना रहे हैं। मंच के आगे की ओर सैनिकों के गोल घेरे के भीतर लाल रोशनी में नहाया हुआ अभिमन्यु सुभद्रा के गर्भ में होने का अभिनय करता हुआ अपने पिता अर्जुन को सुनने का प्रयत्न कर रहा है। ओह! कैसा सुन्दर वह दृश्य था : मंच के एक हिस्से की सफ़ेद रोशनी में अर्जुन की बाँहों में नींद को किसी तरह हराती हुई-सी सुभद्रा उन्हें सुन रही है और मंच के दूसरी ओर सुभद्रा के सुनने के सहारे ही उसके गर्भ की दीवारों से कान लगाकर अभिमन्यु चक्रव्यूह भेदने की विद्या को सुन रहा है। तभी आप पाते हैं कि अभिमन्यु को तमाम कोशिशों के बाद भी कुछ भी सुनायी देना बन्द हो गया है। वह अपने चारों ओर की गर्भ की दीवार पर कान टिकाता है पर तब भी उसे कुछ सुनायी नहीं देता। यह दीवार सैनिकों के गोल घेरे से बनी है और लाल रोशनी में नहा रही है। यह अचानक क्या हो गया? इसे कुछ सुनायी क्यों नहीं दे रहा? हम अपनी नज़रों को मंच के पीछे ले जाते हैं।

अर्जुन की बाँहों में चक्रव्यूह भेदन विद्या को सुनते-सुनते सुभद्रा की आँख लग गयी है। इस दृश्य का संयोजन लगभग जादुई था। आप दृश्य के सौन्दर्य का आनन्द भी लेते थे और धीरे-धीरे उसे बूझते भी जाते थे, उसके गहन अर्थों में नि:शब्द उतरते भी जाते थे मानों आप धीरे-धीरे सीढ़ियाँ उतरकर जल में प्रवेश कर रहे हों और वहाँ तैरती मछलियाँ आपके पैरों की अँगुलियों को छू रही हों। रतन थियाम का नाटक रंगों के संयोजन, मंच के कक्ष्या विभाजन, उच्चारण के सौन्दर्य और संगीत की सूक्ष्म लयों के सहारे आपके भीतर छिपी लगभग अज्ञात भाव सम्पदा को इतने धीरे से जागृत करता है कि आप रंगभूमि से मानसभूमि पर बिना किसी अवरोध के चले आते हैं।

पाँच

मुझे अक्सर रतन थियाम को रंगमंच का चित्रकार कहने का लोभ होता है पर यह सही नहीं है। मुझे उन्हें रंगकर्म का प्रकाशक कहने का मन होता है पर यह सही नहीं है। मुझे उन्हें रंगकर्म का संगीतकार कहने का मन होता है पर यह सही नहीं है। मुझे उन्हें रंगकर्म का उच्चारण विशेषज्ञ कहने का मन होता है पर यह सही नहीं है। वे यह सब हैं पर यह इसलिए नहीं कि वे टुकड़ा-विशेषज्ञ हों। दरअसल, वे अपने नाटक की कल्पना इस तरह करते हैं कि ये सारे तत्त्व अपने आप उसे समृद्ध करने भागे चले आते हैं। इन सभी तत्त्वों में अपने स्वतन्त्र होने का भाव नहीं होता, वे अपने को रंगकर्म के अवयव की तरह ही बरतते हैं। यह कुछ ऐसा है मानो रंगकर्म ने इन तमाम तत्त्वों को उसी तरह धारण कर लिया हो जैसे आत्मा ने हाथ-पैरों को, आँख-कान को, कन्धे पर हिलते सिर और उठते-गिरते विचारों को धारण किया है।

छह

रतन थियाम के नाटकों में हमारे सभ्यता पर छाये संकट की गहरी चेतना है। वे मणिपुरी संस्कृति को वैश्विक संस्कृति से काटकर देखने के स्थान पर उसे उसके बीच रखकर देखते हैं। इस प्रक्रिया में वे जो प्रश्न उठाते हैं, वे सिर्फ़ मणिपुरी संस्कृति के लिए या भारतीय संस्कृति के लिए ही

प्रासंगिक नहीं होते, वे वैश्विक संस्कृति के लिए भी अर्थपूर्ण होते हैं। वे इस तरह के प्रश्न इसलिये उठा पाते हैं क्योंकि वे अपने नाटकों की विशेषता को अपनी संस्कृति की विशेषता में अवस्थित करते हैं और फिर इस संस्कृति के उन तत्त्वों को आलोकित करने का प्रयास करते हैं जिनमें वैश्विक मूल्य झलक रहे हों। शायद यही कारण है कि उनके नाटक मणिपुरी भाषा में होते हुए भी, मणिपुरी संस्कृति से उत्पन्न होते हुए भी कभी भी आँचलिक नहीं जान पड़ते। वे अपने नाटकों में ध्वनित होती मणिपुरी भाषा और संस्कृति में मानों समूचे विश्व को बुलाते हों या कि यह कहें कि वे अपने नाटकों में इस भाषा और संस्कृति को वैश्विक स्पन्दनों को सुनने योग्य बनाते हैं। इसका कारण यह नहीं है कि रतन थियाम ने विश्वभर के रंगकर्म को अनुभव किया है, उसे देखा है या उससे प्रभावित हुए हैं। ऐसा होता तो वे साधारण कलाकार होते। पर उन्होंने मणिपुरी और भारतीय संस्कृति में गुँथे हुए वैश्विक मूल्यों को अपने रंगकर्म की आभा में प्रकट करने की अनवरत चेष्टा की है। वे मणिपुरी और भारतीय संस्कृति के नागरिक रहते हुए ही विश्व नागरिक हुए हैं। इस तरह उनके नाटकों ने वैश्विक संवाद की सम्भावना को निरन्तर खोलने का वह यत्न किया है जिसे पिछले वर्षों के क्षुद्र राष्ट्रवाद ने निरन्तर अवरुद्ध किया है।

सात

कायना जाने का रास्ता पहाड़ों से होकर जाता था। रतन थियाम से लम्बी बातचीत की दूसरी किस्त समाप्त कर हम वहाँ जाने लगे। उन्होंने यह सुझाया था कि मुझे कायना अवश्य जाना चाहिए। यह स्थान इम्फ़ाल से क़रीब पच्चीस क़िलोमीटर दूर है। रास्ता बल खाता हुआ चल रहा था। शाम होने में देर थी। हमें उम्मीद थी कि हम अँधेरा होने से पहले वापस लौट आयेंगे। बीच में वह गाँव भी पड़ता है जहाँ से असम राईफल के सैनिकों ने किसी निर्दोष युवती को कथित रूप से उठाया था जिसकी प्रतिक्रिया स्वरूप अनेक स्त्रियों ने विवस्त्र होकर कांग्ला क़िले के मुख्य द्वार पर विरोध प्रदर्शन किया था। शक्ति के केन्द्रित होने से मनुष्य या मनुष्य समूह क्या से क्या कर जाता है। क्या यही कारण है कि भारत समेत अनेक पारम्परिक समाजों में सत्ता के पास असीमित शक्ति के संचय को प्रतिरोध दिया जाता था। पहाड़ों के बीच से होते हुए हम कायना पहुँच गये। इस

स्थान पर मणिपुर के महान् राजा भाग्यचन्द्र का स्वप्न-वृक्ष लगा था। यह वृक्ष कटहल का था। हुआ यह था कि मणिपुर को बर्मा नरेश के हाथों हार जाने के बाद राजा भाग्यचन्द्र असम के राबय में भागकर शरण लिए हुए थे। एक दिन वहाँ के राजा ने उनकी परीक्षा लेने उन्हें पागल हाथी को वश में करने को कहा। भाग्यचन्द्र ने भगवान श्रीगोविन्द का स्मरण किया तो श्रीगोविन्द उनके स्वप्न में प्रकट हुए और कुछ इस प्रकार बोले, 'तुम चिन्ता मत करो भाग्यचन्द्र। मैं तुम्हारे लिए पागल हाथी को वश में कर दूँगा। जब तुम अपने शत्रु को पराजित कर वापस अपने राबय में पहुँचो, तुम मेरी आराधना करना, मैं कायना पर्वत पर कटहल के वृक्ष में उगूँगा, तुम उसे खोज लेना और उसकी लकड़ी से मेरी मूर्ति बनवा लेना।' हाथी वश में आ गया। भाग्यचन्द्र का राबय असम के राजा अहोम की सहायता से उन्हें वापस मिल गया। पर वे श्रीगोविन्द को स्वप्न में दिया वचन भूल गये। श्रीगोविन्द दोबारा उनके स्वप्न में आये और उनसे बोले, 'तुम अपनी विलासिता में डूबकर मुझे भूल गये। मैं कायना पर्वत के वन में धूप और वर्षा को सहता हुआ कठिन समय बिता रहा हूँ। आओ और मुझे यहाँ से ले जाओ।' तभी राजा को पता चलता है कि कायना पर्वत पर एक विधवा स्त्री एक अनजान बालक को रोज़ भोजन करा रही है। उस बालक के बारे में उससे पूछने पर वह राजा को बताती है कि वह वही है जो उसकी प्रतीक्षा कर रहा है! वह बताती है कि बालक ने उससे कहा है कि मैंने राजा भाग्यचन्द्र की सहायता की थी पर वह मुझे भूल गया है। राजा के बार-बार पूछने पर वह उसे अकेले में बताती है कि उस बालक की माँ की नाम यशोदा है। राजा को अपना स्वप्न स्मरण हो आता है। उसे याद आता है कि श्रीगोविन्द कायना पर्वत पर उसकी प्रतीक्षा कर रहे हैं। राजा अपने आदमियों को कटहल का वृक्ष लाने भेजते हैं पर जब वे उस पर कुल्हाड़ी से प्रहार करते हैं, वृक्ष से ख़ून की धार बह निकलती है। यह इसलिए होता है क्योंकि वह वृक्ष 'पखंगबा' है, पुरखों का आवास है। यह देखकर पूरे वृक्ष को जड़ समेत नदी के रास्ते इम्फ़ाल लाकर उसके विभिन्न भागों से शिल्पकार अनगोम गोपीराम श्रीगोविन्द के विविध स्वरूपों की मूर्तियाँ गढ़ता है। सन् १७७९ में (जब फ्राँस में ख़ूनी क्रान्ति की शुरुआत हो रही थी!) इम्फ़ाल में श्रीगोविन्द की मूर्ति की स्थापना होती है। उनकी अन्य मूर्तियाँ भी बनती जाती हैं और अलग-अलग स्थानों पर स्थापित की जाती रहती हैं। वन बहुत घना नहीं था। पेड़ों की शाखों से टकराकर सूर्य की किरणें ज़मीन पर

फैल रही थीं। सामने खुला हुआ–सा हॉल था जो कपड़ों की बेहद ख़ूबसूरत सफ़ेद झालरों से सजाया गया था। हम सैण्डल उतारकर हॉल में चले आये। वहाँ वह जगह थी जहाँ से वह कटहल का स्वप्न–वृक्ष उखाड़कर इम्फ़ाल ले जाया गया था। हॉल के बिल्कुल पास में एक छोटे–से चौक में कटहल का वृक्ष उगा था। 'यह उसी कटहल के वृक्ष का वंशज है।' मैंने सुना। उस स्थान पर समय–समय पर नृत्य और संकीर्तन का आयोजन होता है। पहाड़ों के बीच लगभग सुनसान स्थान पर हम खड़े थे। शाम की हवा आकर हॉल की झालरों को हिला जाती थी। मैं कुछ देर के लिए वही अकेलापन महसूस करने लगा जिसका ज़िक्र श्रीगोविन्द ने राजा के स्वप्न में किया था।

आठ

'आज पहले नाटक देखते हैं।' रतन थियाम बोले। मैं सुबह ही कोरस रिपर्टरी थियेटर पहुँच गया हूँ और प्रेक्षागृह के बाहरी कोने में मेज़ के पास

आहार्य की तैयारी | कोरस रिपर्टरी

बैठा बातचीत शुरू करने की प्रतीक्षा कर रहा हूँ। हम सीढ़ियाँ उतरकर प्रेक्षागृह के बगल से उसके प्रवेश द्वार पर पहुँचते हैं। मैं चप्पल उतारने लगता हूँ। रतन मुझे उन्हें पहने रहने को कहते हैं। प्रेक्षागृह बहुत बड़ा नहीं है पर सुन्दर है। सामने रंगमंच पर बड़ा-सा काला कपड़ा गोल आकार में पड़ा हुआ है। वह बीच से कुछ उभरा हुआ-सा है। शायद उसके नीचे कुछ रखा है। हम नीले रंग की सीटों पर दूसरी कतार में बैठ जाते हैं। संगीत शुरू होता है (संगीत या मौन?), फ़र्श पर गोल आकार में पड़े काले कपड़े से कोई आकृति बड़ी होने लगती है। यह टैगोर के नाटक 'किंग ऑफ द डार्क चेम्बर' की नायिका रानी सुदर्शना है। ओह! इसका अर्थ यह हुआ कि यह अभिनेत्री इतनी देर से काले कपड़े के नीचे बैठी हुई हमारी प्रतीक्षा कर रही

आहार्य की तैयारी | कोरस रिपर्टरी

थी। नाटक के कुछ आगे बढ़ने पर पता चलता है कि ऐसा ही कुछ एक और अभिनेता भी काले कपड़े के किसी दूसरे हिस्से में कर रहा है। वाह! क्या अनुशासन है उन अभिनेता/अभिनेत्री ने रिहर्सल के दौरान भी यह पता नहीं चलने दिया कि वे एक ही भंगिमा में कपड़े के नीचे छिपे बैठे थे। बिना इस सख़्त सृजनशील अनुशासन के रतन थियाम के जैसा रंगकर्म सम्भव ही नहीं होता। जैसे-जैसे नाटक आगे बढ़ा, मैं उसमें डूबता चला गया। रानी का अकेलापन फैलकर आत्मा के अकेलेपन में अन्तरित हो गया। मैं सभी चरित्रों के भीतर स्पन्दित होते एकान्त को अपने भीतर प्रतिबिम्बित होते अनुभव करने लगा। मुझे मणिपुरी भाषा का सौन्दर्य भी महसूस हुआ। मैं उसका अर्थ भले ही नहीं समझ रहा था पर उसे वैसे ही छू पा रहा था जैसे इस समय अपने पेन की नोंक से काग़ज़ के खुरदुरेपन को।

रतन थियाम अपने रंगकर्म में वाचिक अभिनय के धागे में आंगिक अभिनय के मोतियों को पिरोते हैं। पर ये मोती मंच पर फैले रंगों के संयोजन में ऐसे आलोकित होते हैं जैसे सूर्य के उगते उजाले में किसी वृक्ष के शिखर पर हिलते पत्तों के समूह।

नौ

इम्फ़ाल की सड़कों पर चलना अलग ही अनुभव है। तेज भागती गाड़ियों, मोटर साईकिलों आदि के बीच-बीच में आपको जो पैदल जाती स्त्रियाँ दिखायी देती हैं, उनका अपने कपड़ों के रंगों का चुनाव अद्भुत होता है। उत्तरीय सामान्यत: हल्के रंग का होता है, लुंगी गहरे रंग की और सिर के इर्द-गिर्द लिपटी ओढ़नी (जिसे इन्नफी कहा जाता है) इन दोनों कपड़ों को बेहद महीन रंग से बाँध देती है। मैंने दुनिया में कहीं भी साधारण लोगों के पास रंग की इतनी सूक्ष्म समझ नहीं देखी। मुझे बताया गया है कि मणिपुर में हर विशेष अवसर के लिए विशेष पोशाक पहनी जाती है। यह व्यवहार आज भी उतना ही प्रचलित है जितना पहले कभी था। अगर आप सड़क के किनारे किसी मणिपुरी स्त्री को हल्के रंग के वस्त्रों पर श्वेत इन्नफी पहने देखें तो आप यह अन्दाज़ लगा सकते हैं कि वह किसी शोक में शामिल होने जा रही है। अवसर और पोशाक के रंगों का यह संयोग

मणिपुरी पोशाकों को सजावट का तत्त्व रहते हुए भी संकेत चिह्नों में बदल देता है जो यहाँ की सांस्कृतिक समृद्धि का द्योतक है। मैं फिर कहता हूँ, लिखता हूँ, मणिपुर सिर्फ़ साधारण लोगों के रंग बोध को देखने भी जाया जा सकता है।

यही रंग बोध अधिक परिष्कृत होकर मणिपुरी कलाओं में यहाँ-वहाँ बिखर गया है साफ़ भूमि पर गिरे हल्के बैंगनी फूलों की तरह!

दस

लोकटक झील मणिपुर की शायद सबसे बड़ी झील है। यह इम्फ़ाल के पास के शहर मोइराँग में स्थित है। हम बहुत सुबह ही मोइराँग के लिए निकल पड़े हैं। मैं स्वयं झीलों के शहर का नागरिक हूँ, शायद इसलिए लोकटक झील को देखने की इतनी उत्सुकता मुझमें है। रास्ता लम्बा है। राह में विष्णुपुर पड़ता है। यहाँ के मन्दिर में कायना के कटहल के वृक्ष से बनी एक मूर्ति रखी है। मोइराँग में थांगजिंग मन्दिर के अहाते में हर वर्ष लाई हरोबा आयोजित होता है। इस मन्दिर में खम्बा-थाईबी की प्रतिमाएँ स्थापित हैं। खम्बा-थाईबी की प्रेम कहानी युगों से मणिपुर में गायी जा रही है। इसका ज़िक्र मणिपुरी पुआ (पुराण) में भी मिलता है। हम कुछ देर मन्दिर के अहाते में घूमते हैं। इस आहते में तीन ओर बैठने का इन्तज़ाम है जहाँ दर्शक बैठते हैं, बीच की जगह ख़ाली है। यहाँ लाई हरोबा होता है।

लोकटक झील में नौ नदियों से पानी आता है। यह झील थांग पर्वत को चारों ओर से घेरे है। हम पर्वत की चोटी पर पहुँच जाते हैं। हमारे चारों ओर झील का पानी आकाश को प्रतिबिम्बित कर रहा है। झील के बीच-बीच में छोटे-छोटे हरे टापू बने हैं। इन्हें देखकर लगता है मानो हरियाली अपने पदचिह्न पानी की सतह पर छोड़ गयी हो। टापूओं के बीच के निर्मल जल में कुछ डोंगियाँ दिखायी दे रही हैं। मुझे लग रहा है कि मैं चारों ओर पानी से घिरे जहाज में बैठा कहीं जा रहा हूँ।

ग्यारह

तेज़ बारिश में हमारी कार एक सँकरी गली में मुड़ गयी। झमाझम बरसते पानी में सब गड्डु-मड्डु हो गया लगता था। गली में इतनी भी जगह नहीं थी कि कार को खड़ा किया जा सके। जदुमणि ने किसी तरह एक जगह ढूँढी। खिड़की के बाहर कुछ भी देख पाना कठिन था। रतन थियाम का बेटा, थवई छाता लेकर दौड़ा और उसे मेरे सिर के ऊपर किया। हम बचते-भीगते उनके घर पहुँच गये।

हम यहाँ पारम्परिक मणिपुरी भोजन करने आये हैं।

आँगन में तुलसी का पौधा लगा था। उसे पार कर हम बैठक में चले आये। कुछ ही देर बाद उनके मित्र और मणिपुरी संस्कृति के विशेषज्ञ एन.तोम्बी सिंह और कोरस रिपर्टरी थियेटर के सहयोगी बवॉय भी आ गये। कुछ देर हम बैठे मणिपुरी संस्कृति की विशेषताओं की चर्चा करते रहे फिर आँगन पार कर बरामदे में बिछी चादर के ऊपर दो पंक्तियों में बैठ गये। हमारे सामने रखी थालियों के ऊपर करीने से कटे केले के पत्ते रखे थे। थाली के चारों ओर पत्तों के बने प्यालों में तरह-तरह की चटनियाँ रखी थी। थाली के बीचों-बीच सलीके से चावल रखा था, साथ में बाँस की सब्ज़ी। कुछ और भी सुस्वादु चटनियाँ और सब्ज़ियाँ थाली के आकाश में यहाँ-वहाँ टिमक रही थीं। 'यहाँ के खाने में मिर्च कुछ अधिक होती है।' रतन थियाम मेरी ओर देखकर बोले। मुझे यह आवाज़ सुस्वादु भोजन के बीच दूर से आयी गूँज की तरह लगी। मैंने ध्यान दिया कि जिस सलीके से यहाँ खाना परोसा जाता है, वही सलीक़ा यहाँ की प्रदर्शनकारी कलाओं में दिखायी देता है।

उदयन वाजपेयी

क्रम

संवाद

रतन थियाम

आपकी दृष्टि में वैश्विक स्तर पर रंगकर्म पर किस क़िस्म का संकट है?

रंगकर्म करते हुए आपके पास ऐसे साधन, ऐसे ऑडिटोरियम, ऐसा परिवेश होना चाहिए कि आप ठीक से नाटक दिखा सकें। पर इस मुल्क़ में नाटकवालों के पास पैसा नहीं है यह सब करने के लिए। ऑडिटोरियम बने-बनाये हुआ करते हैं पर नाटकों का ढाँचा बदलता रहता है। नाटक के ढाँचे के अनुरूप ऑडिटोरियम में नया ढाँचा बनाने के लिए धन की आवश्यकता होती है। मैं अपनी सारी ज़िन्दगी अपनी रंग प्रस्तुतियों में वैकल्पिक व्यवस्थाएँ करने की कोशिश करता रहा हूँ। मैं जो सोचता हूँ उसे सेट डिज़ाइन, नेपथ्य रचना, वेशभूषा, प्रकाश व्यवस्था, संगीत आदि के साथ वित्तीय अभाव के कारण कर नहीं पाता। यह एक त्रासदी है। मैं ऐसे कई नाटक करना चाहता हूँ जिसकी डिज़ाईन की माँग, दर्शकों को एक तरह से बिठाने की है। मानो मैं अस्सी या सौ फुट लम्बा और दस फुट चौड़ा स्टेज बनाना चाहता हूँ और मैं इसके दोनों ओर दर्शकों को कई स्तरों पर बिठाना चाहता हूँ क्योंकि मेरा नाटक उसी तरह शुरू होता है, एक अच्छे ऑडिटोरियम में एक ऐसे सेट डिज़ाइन को कहाँ से बनायें। मेरे लिए रंगकर्म एक निरन्तर प्रयोग है। इसका ढाँचा या जिसे आप फ़्रेमवर्क कहेंगे, बदलता रहता है। जब उसका ढाँचा बदलता है, उसके अनुरूप उसकी डिज़ाइन का ढाँचा भी बदलता है। तभी वह नाटक सुन्दर लगता है। नाटक के प्रोडक्शन की अक्सर बातें हुआ करती हैं। वह कोई बड़ी

बात नहीं है। वो तो एक-दो महीने में आसानी से हो सकता है। पर जब आप कोई गहन तलाश में जुटते हैं, मानो आप अँधेरे में कुछ ढूँढ़ रहे हों या आप कुहासे में कुछ खोज रहे हों, जब आप इस धुँधलके में सौन्दर्य एवं तर्क के आयाम, सामाजिक, आर्थिक, राजनैतिक और धार्मिक तत्त्वों को खोजते हैं समय तब लगता है। मानो आपको रुई का पौधा मिल गया हो और आप उससे धागे बनाने की कोशिश कर रहे हों। रंगकर्मी इसी धुँधलके में नाटक की तलाश करते रहते हैं। ढूँढ़ते-ढूँढ़ते वे उन धागों तक पहुँचते हैं जिसका हमने ज़िक्र किया। फिर उन धागों को तैयार किया जाता है, फिर यह सोचना होता है कि इन धागों को किस ढंग से बुना जाये। इस तरह देखें तो मालूम पड़ेगा कि रंगकर्म की प्रक्रिया बेहद लम्बी हुआ करती है। जैसे कपड़े बुनने में मशीनी तकनीक का प्रयोग हुआ करता है, वैसे ही यहाँ भी टेक्नॉलॉजी का प्रयोग सम्भव है।

क्या आप इसे फैक्ट्री में निर्मित किसी उत्पाद की तरह बनायेंगे? या आप इसे संस्पर्श के साथ बनायेंगे? हस्तशिल्प में गम्भीर क़िस्म का कौशल उपयोग में आता है। मानो आपने एक शॉल या ऐसा ही कुछ बुनने में महीनों लगा दिये हों और उसे बनाने में सौन्दर्य-दृष्टि का उपयोग हुआ है। वह फैक्ट्री का उत्पाद जैसा नहीं है, उसमें मानवीय संस्पर्श है। नाटक में भी यही कुछ होता है। अगर नाटक को आप भारी-भरकम तकनीकी का उपयोग कर बनायेंगे, वह फैक्ट्री का उत्पाद हो जायेगा। जैसे जब आप ज़ोरदार प्रकाश, ध्वनि, प्रोजेक्टर, ये-वो, तमाम तरह की चीज़ों का उपयोग करते हैं तो अभिनेता इन चीज़ों से सहयोग पाने के स्थान पर इनमें गुम हो जाता है। इसलिए अगर तकनीकी का उपयोग सम्भलकर किया जाता है और उसमें मानवीय संस्पर्श बना रहता है, तब ठीक रहता है, क्योंकि नाटक जीवन्त प्रदर्शनों के लिए जाने जाते हैं, उनमें दर्शकों और अभिनेता के बीच गहन अन्त:क्रिया होती है। जितना समय एक सुन्दर कपड़ा बुनने में लगता है, वैसे ही मैं चाहता हूँ कि अपनी समूची आत्मा, दिलोदिमाग़ को लगाकर मैं नाटक तैयार करूँ जिससे वह सौन्दर्य की विश्वसनीयता की दृष्टि से, कथ्य की अभिव्यक्ति की दृष्टि से अच्छा रहे।

नाटक का उत्पादन करना आसान है, उसे दो-तीन महीनों में ही किया जा सकता है, पर जब वह एक तलाश की तरह शुरू होता है, बहुत दिन लग

सकते हैं। यह तलाश दो-तीन साल बल्कि चार साल तक भी चल सकती है, एक नाटक करने के लिए। तभी आनन्द आता है। तब नाटक करने वाले नाटक को समझने लगते हैं, वे यह समझने लगते हैं कि वे क्या कर रहे हैं। वे यह समझने लगते हैं कि वे नाटक के साथ क्या कर रहे हैं, अभिनेताओं के साथ क्या कर रहे हैं, तकनीकी के साथ क्या कर रहे हैं। इन सब चीज़ों को समझने में समय लगता है। बदले हुए ज़माने के साथ उसके विनियोजन की प्रक्रिया भी इस तरह शुरू हो जाती है। मैं सोचता हूँ कि इन दिनों जब आपको टेलीविज़न पर घर बैठे बना-बनाया इतना सारा मनोरंजन मिल रहा है, आपके दिमाग़ में नाटक का क्या स्थान बन सकेगा। नाटक को तभी अधिक महत्त्व मिलेगा जब उसमें आकर्षक गुण हों, जिसका अर्थ है कि जब उसमें शक्तिशाली अभिनय हो, शक्तिशाली परिवेश हो और सौन्दर्य तो हो ही।

समकालीन विचारों को लेकर जब आप नाटक करते हैं, उसमें समय लगता है और मैं समझता हूँ कि ऐसा नाटक अधिक सराहा जाता है। लेकिन मेरे मन में हमेशा एक अजीब-सा सवाल पैदा होता है कि नाटक है क्या चीज़? मुझे उसका सबसे आसान जवाब यह मिलता है कि जो समावेशी कलारूप आपको निरन्तर परेशान किये रहता है, शायद उसी का नाम नाटक हो। उसकी प्यास जितनी बुझाओ, बढ़ती चली जाती है। उसकी कोई सीमा नहीं है। यह कोई ऐसी कला नहीं है, जहाँ आप दस साल सीखें, दस साल अभ्यास करें तो आप उसमें परिपक्व हो जायेंगे, जैसा कि गाने-बजाने में होता है। यहाँ आप सीखिए, पर उससे भी क्या होने वाला है? आप तकनीकी सीख सकते हैं, आप कुछ और चीज़ें सीख सकते हैं पर आपको अभिनय कैसे सिखाया जायेगा, कौन-सा अभिनय सिखाया जायेगा, आप थोड़ा-बहुत यथार्थवादी, मैथड अभिनय सीख सकते होंगे, और वह सब टेलीविज़न आदि पर चल जाता है। लेकिन नाटक की स्थिति अलग है। यहाँ जो कथ्य दिशा निर्देशित करता है और उसके मुताबिक बहुत ही अधिक शैलीकृत और जटिल स्थिति को जब अभिनेता रंगाकाश में लाने का प्रयत्न करता है, तब वे सारी चीज़ें उसके बहुत काम नहीं आतीं जो उसने सीखी थीं। अभिनेता ने अभिनय भले ही सीखा हो पर नाटक में कथ्य की माँग के अनुरूप उसे नाटक के दौरान फिर से अभिनय सीखना होता है।

इस पूरी प्रक्रिया में निर्देशक की क्या भूमिका होती है ? दूसरी बात यह है कि अगर किसी अभिनेता ने यथार्थवादी क़िस्म का अभिनय सीखा है, तो किसी नये नाटक में उसके अभिनय को ढालने में निर्देशक के सामने कौन-सी चुनौतियाँ होंगी ?

अगर अभिनेता ने यथार्थवादी या मैथड अभिनय में प्रशिक्षण ले रखा हो तो इससे व्यवस्थित काम करने में मदद होती है। यथार्थवादी अभिनय तार्किक ढंग से निरूपण करता है, उसके सहारे आप बाहरी गुणों को उभार सकते हैं, लेकिन अगर आप अभिनेताओं से यह कहें कि वे जो कुछ भी बाहर कर रहे हैं, उसे अन्दर ले लें और फिर देखें कि उनके शरीर के विभिन्न अंग-प्रत्यंगों पर उसका क्या प्रभाव होता है। जब आप सारी बाहरी चीज़ों को पी लेते हैं तब आपके हाथ-पाँव, आँख-कान आदि नये सिरे से या तो बहुत बड़े पैमाने पर या बहुत सूक्ष्म पैमाने पर सक्रिय हो जायेंगे, तब आप जो अनुभव कर रहे हैं, उसके कारण गतिशील होना चाहेंगे या खड़े रहकर कुछ भी नहीं करना चाहेंगे, क्योंकि आपने सारे बाहरी तत्त्वों को पी लिया है। जब आप इस तरह पी लेते हैं, आपका अपने अभिनय पर गहरा नियन्त्रण हो जाता है। या फिर, उसका नाट्यधर्मी रूपों में कई स्तरों पर विस्तार किया जा सकता है। अभिनेता यथार्थवाद के सीमित दायरे में जो विचार करता है और फिर उसे पी लेता है, और फिर उसे ही इकाई-दर-इकाई यानी सीमित अंशों में प्रकट करता है। क्या यथार्थवादी भाषा की चीख़ को आप इस रास्ते शरीर की भंगिमाओं से व्यक्त कर सकते हैं ?

मैं सिर्फ़ एक उदाहरण दे रहा हूँ, पर यह सारी प्रक्रिया आवश्यक है। जैसे आप अपने अभिनेता से यह कहें कि वह अपने अत्यन्त नाट्यधर्मी अभिनय में थोड़ा-सा यथार्थवाद (लोकधर्मी) तत्त्व भी शामिल करे, इससे कई बार विश्वसनीयता बढ़ाने में मदद मिलती है। दरअसल, यह सारी प्रक्रिया रसोईघर में खाना बनाने जैसी है। जब आप वहाँ विभिन्न व्यंजन पकाते हैं, आप अलग-अलग पद्धतियों का उपयोग करते हैं। आप अपने घर में अपने हाथों से मसाला बनाकर छोटी-सी कढ़ाई में, कोयले की सिगड़ी पर व्यंजन पकाते हैं, रोटी भी बनाते हैं, वह एक बात है लेकिन जब आप उसे आसान ढंग से बिजली या किसी अन्य आसान ईंधन से फटाफट बनाते हैं, तब एक दूसरी तरह का भोजन तैयार होता है। इन दोनों में कहाँ

तक फ़र्क़ है ? अन्य ईंधनों से खाना पकाने पर उसमें आपकी संवेदनाएँ किस हद तक शामिल हो पाती हैं ? लेकिन जब आप हाथ से आटा गूँथते हैं, आप यह सोचते रहते हैं कि इसे मेरा बेटा या बेटी या पति खाएँगे और अगर उन्हें यह अच्छा लगेगा तो मुझे भी अच्छा लगेगा। इस तरह खाना बनाने में आपकी मानवीय संवेदनाएँ शामिल हो पाती हैं। भोजन बनाने में ईंधन के उपयोग की हमारी पारम्परिक प्रक्रिया काफ़ी जटिल है और वहाँ खाना बनाने की प्रक्रिया खाना बनाकर समाप्त नहीं हो जाती, वह उसके बाद भी चलती रहती है। इसी तरह जब हम यह सोचते हैं कि नाटक क्या है, हम किस ईंधन के उपयोग की सोचते हैं ? ज़ाहिर है हम उस ऊर्जा को चुनेंगे जो मौलिक मानवीय ऊर्जा है, जिसमें मौलिक संवेदनाएँ समायी हुई हैं।

नाटक करते हुए मुझे ऐसा लगता है मानों मैं अथाह जल में डुबकी लगाकर उभरा हूँ, मानो मैं तीर्थ कर आया हूँ। रंगनिर्देशक चिम्पांजी नहीं होता। जैसे चिम्पांजी को आप कार चलाना सिखा दें, वह चला लेगा, लाल बत्ती पर रुकना सिखा दें, वह रुक जायेगा, वह पानी भी पी लेगा, पर निर्देशक ऐसा नहीं हुआ करता। वो यह सब जानता है पर चिम्पांजी से आगे बढ़कर वह अपने सृजन के जल में डुबकी लगाता है, उसे यह ख़ूब पता रहता है कि यह कोई ऐसा-वैसा जल नहीं, गंगाजल है यह चिम्पांजी को पता नहीं चलेगा। अथाह जल में स्नान करना, अपने भीतर पवित्रता की अनुभूति करना, नाटक के निर्देशन के बाद ऐसी ही कुछ सन्तोषजनक अनुभूति रंग निदेशक को होती है। यह सन्तोष किसी और के लिए नहीं, स्वयं उसके अपने लिए होता है।

> आपने 'उत्तरप्रियदर्शी', 'अन्धा युग' और 'नाईन हिल्स एण्ड वन वैली' जैसे नाटक किये हैं, जिनमें युद्ध या युद्ध जैसी स्थिति और उसके बाद की विभीषिका का वर्णन है। मैं आपके 'नाईन हिल्स एण्ड वन वैली' के उस दृश्य को कभी भूल नहीं पाता जिसमें नर्तकियों के हाथ कटे हैं, वह मुझे किसी दुःस्वप्न-सा जान पड़ता है। इम्फ़ाल में इन थोड़े-से दिनों रहने पर मुझे यह महसूस हुआ कि इस शहर का सौन्दर्य सतह के नीचे है और कुछ शक्तियाँ इस बात में लगी हैं कि कैसे वह धूल के नीचे दबा रहे, कुछ शक्तियाँ

कोशिश कर रही हैं कि वह सतह पर आ सके। मुझे आपके नाटक मणिपुर के सौन्दर्य को सतह पर लाने का उपक्रम जान पड़ रहे हैं।

मैंने इम्फ़ाल शहर में एक अजीब बात देखी, यहाँ लोग देर-देर तक अपनी गाड़ियाँ साफ़ करते रहते हैं, मानो वे धूल हटाकर उसके नीचे छुपे सौन्दर्य को बाहर लाने की विफल कोशिश कर रहे हों, क्योंकि इस संस्कृति पर इतनी तरह से धूल डाली जा रही है कि यह सफ़ाई सफल होने को ही नहीं आ रही! इन सब स्थितियों का आपके नाटकों के चुनाव पर क्या असर होता है? ख़ासकर उन नाटकों के चयन पर जिनका मैंने ज़िक्र किया है?

दुनिया में युद्ध कहीं भी हो, युद्ध ही होता है। जब तक वह चलता है, उसका परिणाम किसी को पता नहीं होता। पर यह जान लेना चाहिए कि युद्ध का परिणाम विभीषिका ही होता है। उस विभीषिका में जाकर ही यह पता चलता है कि कितनी हानि हुई है। उस हानि की कभी भरपाई नहीं हो पाती। यह भरपाई इतिहास में या किसी भी सभ्यता में कभी नहीं हो पायी। अज्ञेय ने 'उत्तरप्रियदर्शी' को बहुत दार्शनिक ढंग से लिखा है। मैंने उसमें युद्ध के परिणाम दिखाने की कोशिश की है। 'उत्तरप्रियदर्शी' ऐसा नाटक नहीं है, जिसे आसानी से पचाया जा सके।

मणिपुर में बहुत सारे युद्ध हुए हैं। बहुत-से आक्रान्ता बाहर से आये हैं। हम भी गये हैं। समकालीन युद्ध का क्या स्वरूप है? किसी को मार देना या किसी पर बम फेंक देना भर युद्ध नहीं है। कई विराट शक्तियाँ हैं जो समूची सभ्यताओं, परम्पराओं, संस्कृतियों, धर्म और आचार संहिताओं पर आक्रमण करती हैं। भारत अपनी दार्शनिक परम्पराओं के लिए जाना जाता है और दर्शनों का आधार संस्कृति है। इस स्थिति में कोई दैत्याकार शक्ति, जिसे इन दिनों भूमण्डलीकरण कहा जाता है, आकर आपकी सारी ख़ूबसूरत अस्मिताओं को काट देती है ताकि आप कुछ भी न कर पाएँ और प्रभुताशाली शक्तियों के दबाव में आ जाएँ या उन शक्तियों में ही शामिल हो जाएँ। लेकिन अगर आपके पास शक्ति है, स्वप्न हैं, सृजनात्मकता है तो आपकी इन अस्मिताओं को बार-बार काटकर फेंकने के बाद भी वे कहीं न कहीं दोबारा उग आयेंगी, कहीं फूल बनकर, कहीं और कुछ और बनकर पर वे कभी मरेंगी नहीं। वे अपने को दोबारा रच लेंगी। इसलिए ऐसी चीज़ों

को अपने पास रखने की शक्ति बनाये रखना चाहिए, क्योंकि युद्ध चल रहा है। युद्ध अनेक तरह का होता है, जो बाहर-बाहर दिख रहा है, वही युद्ध नहीं है। आपकी समूची संस्कृति को समाप्त करने का युद्ध चल रहा है। आपको सजग रहने की आवश्यकता है। इस विषय में मेरा सोच अतियथार्थवादी क़िस्म का है और 'नाईन हिल्स एण्ड वन वैली' करते हुए मैंने इसे लाने की कोशिश की है।

नर्तकियों के हाथ काटने की कथा क्या ऐतिहासिक घटना है?

नहीं, वह मेरी कल्पना है। हमने आधुनिकता या ऐसे ही दूसरे नामों के आधार पर परम्परा को काटने की कोशिश की है, लेकिन ऐसा करना आसान नहीं है। जब तक हम हैं, उसे बार-बार उगायेंगे। यह उम्मीद मुझे है।

क्या आपका अपने रंगकर्म के विषय में यही विचार है? क्या यही वह भूमि है, जिस पर आप रंगकर्म करते हैं?

मेरी इस उम्मीद का आधार हमारी संस्कृति और दार्शनिक परम्पराएँ हैं। उदाहरण के लिए मैंने इब्सन का जो नाटक 'व्हेन वी डेड अवेकन' किया, उसमें भी मैंने यही कुछ करने की चेष्टा की है। इब्सन के नाटक में बर्फ़ीले तूफ़ान में मुख्य चरित्र की मृत्यु हो जाती है। लेकिन उसे करते हुए मेरा दार्शनिक अभिप्राय महाभारत से आया है। द्रौपदी पाँच पाण्डवों के साथ हिमालय जाती है। उनमें से लगभग सभी एक-एक कर मर जाते हैं। हो सकता है वहाँ बर्फ़ीला तूफ़ान आया हो। आख़िर में युधिष्ठिर लगभग अन्धा हो जाता है और वहाँ कुत्ता पहुँचता है। मैं नहीं समझता कि वह सचमुच अन्धा हुआ है, उसके अन्धेपन का आशय यह है कि वह एक ऐसे स्थान पर पहुँच रहा है, जो उसके लिए पूरी तरह अज्ञात है। वह एक नये संसार में जा पहुँचा है। उसके अलावा बाक़ी सारे लोगों की अपेक्षाएँ इहलौकिक ही थीं, इसीलिए वे एक के बाद एक मरते चले गये। लेकिन युधिष्ठिर बाक़ी पाण्डवों से अलग है, उसकी दार्शनिक प्रवृत्ति इनसे अलग है और वह जब एक जगह पहुँचता है तो उसे सांस्कृतिक झटका लगता है। वही उसका अन्धापन है।

'वेन वी डेड अवेकन' नाटक का एक दृश्य

मैंने सोचा कि मैं बर्फ़ीले तूफ़ान को दिखाकर क्या करूँगा। मेरा प्रस्थान बिन्दु उसका जाना है। वह कहाँ जा रहा है, वह मरता है या जीवित रहता है, मुझे नहीं मालूम। मेरी इब्सन के नाटक की यही व्याख्या है। मैंने उन्हें अपनी यात्रा में शामिल किया। जब युधिष्ठिर उस स्थान में प्रवेश करता है, धीरे-धीरे बर्फ़ से ढँके पहाड़ उसके समक्ष आते हैं, यही मेरी कल्पना है। मैंने यह इसलिए किया, क्योंकि मैं भारतीय हूँ, मणिपुरी हूँ। मैं जो सोचता हूँ उसे क्यूँ न करूँ। और इब्सन जीनियस है, समूची दुनिया का है, वह केवल नार्वे का नहीं है।

आयरिन का यह इंगित कि वह क़ब्र के उस ओर से आयी है, आपने रूपक की तरह लिया है या जस का तस?

मैंने इसे रूपक की तरह लिया है। लेकिन आपको इसे एक हद तक दूसरी ओर से जस का तस भी लेना होगा, क्योंकि वहाँ पुरुष चरित्र के रूप में इब्सन स्वयं हैं। इस नाटक में इब्सन ने अपने मन का सब कुछ बोल दिया है। वह यह भी कह देता है कि वह कवि है। एक कवि की तरह वह

कल्पना की यात्रा और उस यात्रा में प्राप्त आध्यात्मिक तत्त्वों को दिखा देता है। इस तथ्य को और उसे जिसे आप रूपक कह रहे हैं, सन्तुलित करना मुश्किल काम है। आप ख़ुद सोचिये कि अगर आप इस सबको यथार्थवादी शैली में दिखाने का प्रयत्न करेंगे तो यह कैसा हो पायेगा। प्रश्न यह है कि आयरिन रुबेक की कल्पना में आती है या वह सचमुच है। मैं समझता हूँ कि कभी वह उसकी कल्पना में आती है और कभी वह सचमुच उसके आसपास है। यह चरित्र उसे घेरे रहता है। इसके अतिरिक्त शिल्पकार की पत्नी पूरी तरह हाड़-माँस की चरित्र है। मैंने यह नाटक चरित्रों के परिचय की स्थापना के साथ शुरू नहीं किया, जैसा कि ख़ुद इब्सन लिखते हैं। मेरे नाटकों में चरित्रों का परिचय बहस के रास्ते होता है। मैंने इसके उलट यह नहीं किया है कि पहले चरित्र का परिचय करा दिया जाय फिर बहस दिखायी जाय। मेरे प्रदर्शन में बहस के भीतर से चरित्र का रूप नज़र आता है। मैंने जान-बूझकर उसे आगे-से शुरू किया है। मैंने उसे ऐसे शुरू किया है, एक ऐसे तनाव बिन्दु से मानो उस शुरुआत से पहले बहुत सारी घटनाएँ घट चुकी हों।

> क्या आपने यह इसलिए किया क्योंकि आपके मन में यह था कि यह नाटक आत्मकथात्मक है और इस नाटक तक आते-आते इब्सन का काफ़ी सारा जीवन पहले ही बीत चुका था?

यह नाटक कुछ मायनों में आत्मकथात्मक है। इब्सन के इस नाटक को पढ़कर ग़ालिब की ये पंक्तियाँ याद हो आती हैं

> हज़ारों ख़्वाहिशें ऐसी कि हर ख़्वाहिश पे दम निकले,
> बहुत निकले मेरे अरमां लेकिन फिर भी कम निकले।

इब्सन का यह नाटक उनकी असीम आकांक्षा की अभिव्यक्ति है। एक अनुभवी, ज्ञानी व्यक्ति की आकांक्षा। इस नाटक का मुख्य पात्र रुबेक बहुत ज्ञानी है। वह मूर्तिकार है, चित्रकार है, कवि है और, और भी बहुत कुछ है। यहाँ किसी साधारण आकांक्षा की बात नहीं है। उसकी आकांक्षा की अनेक परतें एक के बाद दूसरी सामने आती रहती हैं और यह इस नाटक की बेहद दिलचस्प बात है।

क्या आप यह समझते हैं कि स्वयं इब्सन की ऐसी असाधारण आकांक्षाएँ उनके नाट्यलेखन के बावजूद अधूरी रही आयीं? मैं आपको एक उदाहरण देता हूँ। उन्होंने इस नाटक के लेखन के दौरान कभी यह कहा था कि मैं तो जीवन भर यथार्थवादी गद्य लिखता रहा और इसके लिए मैंने कविता लिखना छोड़ दिया। वे सोचते थे कि कविता ईश्वर की भाषा है इसलिए उसके स्थान पर यथार्थवादी गद्य लिखना ही बेहतर है। क्या आपको लगता है कि उनके जीवन में कविता लिखना एक अधूरी आकांक्षा बनकर रही आयी?

वे कवि होना, मूर्तिकार होना और चित्रकार होना चाहते थे। वे बहुत कुछ करना चाहते थे। इसीलिए उनका ज्ञान बहुत व्यापक था। उनका महान चित्रकार एडवर्ड मुंक से गहरा रिश्ता था। इब्सन में ऐसी आकांक्षाएँ थीं जिनके विषय में हम कह सकते हैं कि वैसा किसी ने सोचा तक न होगा। वे हर आकांक्षा को लेकर कैसे-कैसे स्वप्न उत्पन्न करते हैं, यह नाटक स्वप्नों से भरा हुआ है। आपने कहा कि वे यथार्थवादी नाटक लिखते थे, पर वे इस नाटक को लिखते हुए निरन्तर अपने समकालीन नाट्यकार स्ट्रीनबर्ग से आतंकित रहते थे। बल्कि उन्होंने अपने कमरे की दीवार पर उनकी तस्वीर लगा रखी थी। इस नाटक को लिखते हुए वे यह समझ गये थे कि अब यथार्थवादी ढाँचे से बाहर निकलने का समय आ गया है। यह उनका आख़िरी नाटक है और इसे उन्होंने अलग तरह से लिखा है। इसीलिए यह इतना सुन्दर लिखा हुआ नाटक है। यह एक महान नाटककार का नयी शैली में नाटक लिखने का उद्यम है, जहाँ वे नये ढंग से प्रस्तुति करते हैं, नये ढंग से चरित्र निर्माण और जहाँ वे आत्मकथात्मक भी हो रहे हैं और जहाँ वे अपनी सारी अधूरी आकांक्षाएँ रख दे रहे हैं।

मुझे यह नाटक बहुत ख़ूबसूरत लगता है। कई बार वह स्वप्न जैसा लगता है जो अतियथार्थवाद की ओर ले जाता है, जहाँ वह समय की बात करता है। इसीलिए मैंने अपनी प्रस्तुति की परिकल्पना में सल्वाडोर डाली की कृति को शामिल किया है। इस नाटक को करने में मुझे बहुत सोचना पड़ा। यह नाटक कई मायनों में विलक्षण है। हो सकता है इस नाटक के

संवाद यथार्थवादी जान पड़ें, पर वे उस तरह बोले नहीं जाते, उनका मक़सद ही कुछ और है, वह बड़ा हटकर चला जाता है। चरित्र जो बोल रहा है, होता नहीं है, जो वह बोल रहा है, वह तर्क की दृष्टि से अप्रासंगिक है। कोई तार्किक दृष्टि से अप्रासंगिक संवाद क्यूँ लिखेगा? यथार्थवाद में तर्क बहुत सारे हैं, लेकिन जब इस नाटक में वह अलग हो जाता है, आपको उसे अलग तरह से बरतना होता है।

> इब्सन के इसी नाटक को आपके चुनने के पीछे शायद यह कारण भी हो कि इसमें उनके अन्य नाटकों की तुलना में स्वप्न जैसे परिवेश को रचने की कहीं अधिक सम्भावना है, जो आपके रंगकर्म के नज़दीक है... ?

नाटक का कथ्य ही यह इंगित करता है कि उसे किस ढाँचे में ढालकर किया जाय। इस नाटक में इब्सन यह करने में बहुत सफल हुए हैं कि व्यक्ति बात कुछ कर रहा है और सोच कुछ और रहा है। यहाँ यह प्रश्न है कि यथार्थ और स्वप्न को एक साथ लेकर कैसे चला जाय। यहाँ सभी चीज़ों की जड़ में समय है, स्मृतियाँ हैं। इस नाटक में समय का तत्त्व बहुत खेल खेलता है। यहाँ एक इकाई से दूसरी में जाने में वक़्त नहीं लगता। उसमें बड़ी तेज़ी है। यह तभी हो सकता है जब आप उसे करने में नाट्यधर्मी, एब्सर्ड और अतियथार्थवादी युक्तियाँ ला सकते हों। इस तरह के तत्त्व चित्रकला में अक्सर लाये जाते हैं। जब मैं यह नाटक तैयार कर रहा था, मैं इब्सन से बातचीत करता रहता था। मैंने उनसे कहा था कि इस नाटक में अभिव्यक्ति का स्वरूप ग़ज़ब का है, मैं इसमें समय को कैसे बरतूँ?

एक दिन जब मैं सो रहा था, मुझे ख़याल आया कि मुझे यह प्रश्न सल्वाडोर डाली से करना चाहिए। मैं डाली के पास चला गया। वे अपनी नुकीली मूँछें लिये बैठे थे। मैंने उनसे कहा कि मैं आपके चित्र की पिघलती हुई घड़ी को लेना चाहता हूँ। मैंने कहा, इब्सन का नाटक हो रहा है। वे बोले, अच्छा आपको इब्सन के नाटक के लिए यह चाहिए, इसे ले जाओ। मैं इसी तरह सोचता रहता हूँ। मैं उसे ले आया और उसे नाटक में टाँगा। इस पिघलती हुई घड़ी को लगाने के बाद यह प्रश्न उठा कि

उसके सन्तुलन में आयरिन को किस तरह रखा जाय। वहाँ उसकी स्थिति कैसी होनी चाहिए। मैंने उसे भी घड़ी की तरह टाँग दिया, उसके बाद वहाँ नाव आती है, जिसमें उसकी यात्रा तय होती है। वहाँ भी यह खेल है; जो मछली पानी के भीतर होती है, वह पानी के ऊपर नज़र आती है। हम जो दिखाना चाहते हैं, वह दिखेगा ही नहीं, इसलिए हम गहरायी को ऊपर ले आये। मानो गहरायी में मछलियाँ तैर रही हैं लेकिन कथ्य की गहरायी को दिखाने के लिए वे उड़ती हैं। इस तरह मैंने यह नाटक इब्सन से पूछकर किया। उससे कुछ न कुछ निकल ही आयेगा, ऐसा मैं सोचता था।

> साँची में पत्थर पर उकेरा गया रिलीफ़ है। उसमें यह दिखाने की चेष्टा है कि महल के आँगन में पेड़ लगा है। अब प्रश्न यह उठा होगा कि रिलीफ़ में खिड़की के भीतर के आँगन का वृक्ष कैसे दिखाया जाय? इसका समाधान उन्होंने यह निकाला कि उन्होंने दिखाया कि वह पेड़ महल की खिड़की से बाहर निकल रहा है। दरअसल, पेड़ तो खिड़की के भीतर के आँगन में है और दर्शक की दृष्टि को अन्दर जाना होगा पर वह सम्भव नहीं, इसलिए उन्होंने जिस मार्ग से दर्शक की दृष्टि भीतर जाती, उसी मार्ग से पेड़ को खिड़की से बाहर निकाल दिया है। मैं सोचता हूँ कि जो कलात्मक युक्ति साँची के इस रिलीफ़ में इस्तेमाल हुई है, मछलियों को हवा में लाकर आपने ठीक उसी युक्ति पर प्रयोग किया है। वरना जल की गहरायी को, मछलियों को कैसे दिखाया जा सकेगा?

जब वे मछलियाँ आकाश में आती हैं तभी कला सम्भव होती है, वरना नहीं। हम जो सारी चीज़ें प्रकृति में देख रहे हैं, उन्हें उसी रूप में रखने में कलात्मकता कहाँ है। मैं कोई बुद्धिजीवी नहीं हूँ, मैं बस सोचता रहता हूँ कि नाटक के कथ्य का विभिन्न स्तरों पर कैसे उपयोग किया जाय। क्योंकि उस कथ्य का दर्शकों से साझा करना मेरे लिए बहुत महत्त्व का है : मैं यह देख रहा हूँ और मुझे यह बहुत ख़ूबसूरत लग रहा है, ज़रा आप भी इसे देखिए! मैं दर्शकों से यह नहीं कहता कि जो मैं देख रहा हूँ वह सही है और आप भी इसे जानिये। मैं शिक्षक नहीं हूँ, न ही सलाहकार। मैं अपनी रचना को साझा करना चाहता हूँ। जब मैं अपनी अभिव्यक्ति से किसी हद तक सन्तुष्ट होता हूँ, मैं चाहता हूँ कि उसको साझा करूँ।

आपके नाटक देखते हुए यह लगता है कि आप नाटक के कथ्य का विस्तार करते हुए यह विचार नहीं करते कि यह प्रदर्शन नाट्यशास्त्र के अनुरूप हो रहा है या नहीं, यह यथार्थवाद के पास है या दूर... ?

हम नाटक कथ्य की माँग के अनुरूप करते हैं पर यह आवश्यक मानते हैं कि हम यह देखें कि नाट्यशास्त्र या केडेंशो या अरस्तू के काव्यशास्त्र के भीतर लिखे गये नाटक अपने को किस हद तक अभिव्यक्त करने में सफल हो पा रहे हैं। मैं यह नहीं सोचता कि हम लिखे हुए नाटक के साथ कुछ भी कर सकते हैं। उदाहरण के लिए टैगोर को लीजिए, उनके नाटकों पर काम करते हुए मुझे यही महसूस होता है कि मैं एक जीनियस के साथ काम कर रहा हूँ, उनकी चित्रकला पर ध्यान दूँ या उनकी केलिग्राफ़ी को समझूँ। इसके बाद में यह समझने की कोशिश करता हूँ कि नाटक लेखन की क्या प्रक्रिया रही है। उसकी विभिन्न चीज़ें किन कलारूपाकारों में आयी हैं, वहाँ उन्हें किस तरह लाया गया है, और वहाँ उन्हें किस सहजता से व्यक्त किया गया है, उनकी युक्तियाँ किस तरह काम करती हैं और मैं कौन-सी युक्तियाँ अपनाऊँ।

मान लीजिए, अर्जुन ने अपने सारथी कृष्ण को कहा कि अब रथ लेकर चलते हैं। पर रथ बहुत बड़ी चीज़ होती है, उसमें घोड़े होते हैं और, और भी तमाम सारी चीज़ें होती हैं। मेज़ पर बैठकर कथावाचक गा रहा है और यह स्थिति आ जाती है कि अर्जुन को रथ पर चढ़कर जाना है तो जिस मेज़ पर बैठकर भागवत गा रहा है, अर्जुन उसी पर चढ़ जाता है और उसके दूसरी तरफ़ आकर कृष्ण बैठ जाते हैं। अब यह मेज़ रथ हो जाती है। बिना कल्पना के कोई भी रंगयुक्ति ख़ूबसूरत नहीं होती। सबसे सरल युक्तियाँ लोक रंगकर्म का बड़ा सम्बल हैं। मैं समझता हूँ, लोक रंगकर्म और अन्य पारम्परिक कलारूपों के मूल स्वरूप के अध्ययन के सहारे आप आधुनिक रंगयुक्तियों की प्रेरणाओं तक आसानी से पहुँच सकते हैं। मैं यह भी करता हूँ। मैं समझता हूँ कि रथ दिखाने के लिए ताम-झाम और घोड़े आदि दिखाना बिल्कुल ज़रूरी नहीं है। रंगयुक्तियों के सहारे आप उन्हें दर्शकों के दिमाग़ में उत्पन्न कर सकते हैं। और ऐसा करने से वहाँ एक हज़ार तरह के रथ उत्पन्न हो सकते हैं। हर रथ सोच के मुताबिक

अलग हो जायेगा। पारम्परिक प्रदर्शनों की यही शक्ति है और वहीं हमारी अस्मिता की जड़ें भी हैं। इसीलिए हम उनके बारे में सोचते रहते हैं। यह रंगनिर्देशक के अनुभव पर निर्भर करता है। उसे यह पता होना चाहिए कि संगीत का कब और कैसे उपयोग होगा? प्रकाश की क्या परिकल्पना होगी? यह धीरे-धीरे समझ में आ जाता है। हम इन तमाम लोकरंगों की युक्तियों को अपने नाटक में डालते नहीं हैं। ऐसा करना नकल होगा, वे हमारे लिए प्रेरणा का स्रोत होती हैं। इनसे प्रेरणा लेने के बाद आपको अपना रास्ता स्वयं खोजना चाहिए। मैंने कई नाटकों में प्रस्तावना का प्रयोग किया है। प्रस्तावना का ज़िक्र नाट्यशास्त्र में है। प्रस्तावना आनुष्ठानिक कार्य-व्यापार का एक अंग है। इसके लिए तमाम देशी और मार्गी अनुष्ठानों का अध्ययन करना चाहिए। अनुष्ठानों के तत्त्वों के भीतरी तत्त्वों को समझने की कोशिश करनी चाहिए। उदाहरण के लिए आदिवासी अनुष्ठानों में महुए की शराब का अनिवार्यत: इस्तेमाल होता है। वे अपने देवताओं को भोजन कराने, अपने परिवेश से कुछ ख़ास पत्ते, जो औषधीय भी हो सकते हैं, लाते हैं और उस पर कभी थोड़े चावल, कभी माँस का टुकड़ा रखते हैं। कई बार सूखी मछली भी रखते हैं। उसके बाद कुछ बोलते हैं, या कभी नदी के किनारे जाते हैं, या किसी अन्य जल स्थान पर, या कई बार भूमि पर ही यह अनुष्ठान करते हैं। उनके पास धागे होते हैं या कुछ और। अलग-अलग अनुष्ठानों में अलग-अलग तरह की चीज़ों का उपयोग होता है पर उन सबके बुनियादी गुण समान होते हैं। मैं यह सोचता हूँ कि उन गुणों को किस तरह समझा जाये और कैसे उस तरह का प्रभाव उत्पन्न किया जाये। पर रंगकर्म का सबसे महत्त्वपूर्ण गुण सौन्दर्य की पवित्रता है। प्रश्न यह है कि उसे किस तरह आनुष्ठानिक पद्धति में ढाला जाये ताकि मैं अपनी तरह के अनुष्ठान को उत्पन्न कर सकूँ। बने-बनाये अनुष्ठान को लाकर नाटक पर आरोपित करना ठीक नहीं। वह केवल प्रेरणादायक हो सकता है।

> कल मैं कांगला गया था। उसके परिसर में मैंने आपका परिकल्पित किया हुआ एक मन्दिर देखा, 'पाखंगबा'। मुझे बताया गया कि वह मन्दिर पुरखों के लिए बनाया गया है। हम उसे भी एक तरह का अनुष्ठान कह सकते हैं। मैंने यह भी सुना कि वैसा कोई

मन्दिर पहले कभी नहीं बनाया गया, वह विशुद्ध आपकी कल्पना है। ऐसे मन्दिर को बनाने के पीछे आपकी क्या मंशा रही है? मेरे लिए यह जानना इसलिए आवश्यक है क्योंकि आपने उस मन्दिर को उस जगह परिकल्पित किया है जिसे मणिपुर का 'घाव' कहा जा सकता है। जितना मैं समझ पाया हूँ, वह स्थान मणिपुर का एक ऐसा घाव है जिसके ऊपर घास फैल गयी है। आप हरी घास से ढँके घाव पर पुरखों को याद कर रहे हैं?

ऐसे कार्यों में आपकी मदद कल्पना किया करती है और ये कल्पना अनेक अनुष्ठानों से प्रेरित होती है। जब भी किसी देवता को मन्दिर से बाहर ले जाया जाता है, उनके ऊपर छत्री लगायी जाती है, मणिपुर में ये सुन्दर बनी हुई छत्रियों के तीन या पाँच, या सात, या नौ स्तर हुआ करते हैं। जब गर्भगृह में प्रार्थना होती है तब भी देवता के ऊपर छत्री लगायी जाती है। ये छत्रियाँ कई तरह की होती हैं। मैंने इस मन्दिर में हर जगह सात के अंक का उपयोग किया है। उदाहरण के लिए वहाँ सात सीढ़ियाँ हैं, सात छत्रियाँ हैं आदि। यह सब मैंने अपनी कल्पना से किया है पर हर चीज़ की इस तरह गणना की है कि कोई विवाद नहीं कर सकता। मैंने 'पूया' आदि तमाम पारम्परिक ग्रन्थों को समझकर इस मन्दिर की अपनी तरह से परिकल्पना की है क्योंकि मुझे यह लगा कि यह हमारे सम्प्रदाय का संस्थापक देवता है। यह हिन्दू मन्दिर नहीं है और इसकी वास्तुकला का निर्धारण स्वयं यहाँ की परम्परा ने किया है। इसकी परिकल्पना करने में मुझे एक वास्तुकार की तरह बहुत सोचना पड़ा। पहली बात यह है कि मन्दिर सुन्दर दिखना चाहिए और उसे परम्परा-सम्मत होना चाहिए और साथ ही उसे उपयोगी भी होना चाहिए। उसे अलग नज़र आना चाहिए।

देवता शब्द का एक आशय पुरखा भी होता है, इसलिए 'देवपूजा', 'पुरखापूजा' भी है?

बिल्कुल। यह 'पुरखापूजा' ही है। 'पाखंगबा' के तीन सौ चौंसठ आकार हुआ करते हैं। प्राचीन मणिपुरी पूया (पुराण) में साँपों के तीन सौ चौंसठ रूपों को 'पाफल' कहते हैं। तीन सौ चौंसठ दिनों में उनका रूप और रंग बदलता रहता है।

इसका सांकेतिक अर्थ क्या है?

यहाँ यह संकेत है कि हर दिन नया है और वह अलग तरह से बीतेगा। वह भविष्य को भी दर्शाता है और भूतकाल की ओर भी इशारा करता है। इसी में 'थंग-ता' नाम की मार्शल कला का उत्स छिपा हुआ है। 'थंग-ता' की गतियाँ 'पाफल' पर आधारित हैं।

क्या 'पाखंगबा' का एक और अर्थ यह नहीं है कि हर दिन भले ही नया हो पर वह जिस सामग्री से बना है, वह एक ही है?

उसका आशय यह है कि आपके पुरखे हर दिन आपके साथ हैं और आपको देख रहे हैं। इसके और भी बहुत-से आशय हैं। मैंने अपने बच्चों के संग्रहालय के लिए तीन सौ चौंसठ 'पाफल' के टेराकोटा बनाये हैं। अब यह संग्रहालय पूरा हो रहा है और हम ये सारे टेराकोटा वहाँ लगायेंगे जिससे आज के बच्चे 'पाफल' के विषय में जान सकें।

क्या यह सब 'मेतै' परम्परा के हैं? आपकी दृष्टि में 'मेतै परम्परा' और 'वैष्णव परम्परा' के बीच क्या मूलभूत अन्तर है?

इनमें काफ़ी अन्तर है। 'मेतै परम्परा' में पूर्वजों को पूजा जाता है, वैष्णव परम्परा में 'कृष्ण को', 'चैतन्य को' और अन्य हिन्दू देवताओं की उपासना की जाती है। 'मैतेयी' घाटी में रहने वाले लोग हैं और यह घाटी नौ पर्वतों से घिरी है। इन पर्वतों में बहुत-सी जनजातियाँ निवास करती हैं। ये लगभग बत्तीस प्रामाणिक जनजातियाँ हैं। हर जनजाति की अपनी परम्परा, संस्कृति, नृत्य, अनुष्ठान आदि हैं। हरेक की अपनी बोली है। 'मेतै' इन सबके बीच बोली जाने वाली भाषा है। यह इसलिए है क्योंकि इन लोगों को ख़रीद-फरोख़्त करने और अपनी चीज़ें बेचने घाटी में उतरना होता है। मणिपुर प्रदर्शनकारी कलाओं में इतनी समृद्धि इन जनजातियों के कारण ही है। जब वैष्णव संस्कृति मणिपुर में आयी, वह बेहद विचारपूर्ण ढंग से मेतै संस्कृति में घुल-मिल गयी। वैष्णव संस्कृति की भाषा बंगाली, हिन्दी, अवधी और ब्रज आदि थी जबकि मेतै भाषा तिब्बतो-बर्मन समूह की भाषा है। इसलिए जब वैष्णव संस्कृति का मणिपुर में प्रवेश हुआ, उसे

बहुत सोच–विचार कर मेतै भाषियों के सम्मुख ले जाया गया ताकि वे उस बाहरी तत्त्वों को समझ सकें। यहाँ की वैष्णव संस्कृति दूसरी जगहों की वैष्णव संस्कृतियों से बिल्कुल अलग है। यह इसलिए है क्योंकि यह दृष्टि मेतै संस्कृति में घुल–मिल गयी है।

> आप यह कह रहे हैं कि मणिपुर में वैष्णव संस्कृति ने आकर यहाँ की स्थानीय मेतै संस्कृति को विस्थापित नहीं किया?

हाँ। हमारे यहाँ आज भी अनेक 'मेतै' प्रदर्शन होते हैं।

> क्या वैष्णव घरों में 'मेतै अनुष्ठान' आज भी होते हैं?

यहाँ की स्थिति कुछ–कुछ जापान की तरह है। जापानी संस्कृति शिण्टो और बौद्ध दोनों है। हम अपने घरों में मेतै देवताओं की यानी पूर्वजों की पूजा करते हैं। हमारा एक अत्यन्त शक्तिशाली देवता है, 'सनामही'। 'सना' का अर्थ है— 'सोना' और 'मही' का अर्थ है— 'द्रव'। 'सनामही' यानी 'तरल सोना'। मैं समझता हूँ कि यह 'तरल सोना' भव्य और शक्तिशाली समुदाय का प्रतीक है, जो वीर्य के सहारे पुरखों से आज तक वंश दर वंश प्रवाहित होता चला आ रहा है। मैं अपने घर में इनकी भी पूजा करता हूँ, इनका स्थान घर के एक कोने में है जो हम सभी को बनाना पड़ता है। घर में एक विशेष स्थान पर 'सनामही' और 'लैमरेम्बी' को स्थापित करना होता है। जब आप वहाँ से बाहर आते हैं, आँगन में 'तुलसी चौरा' होता है और वहाँ वैष्णव देवी–देवताओं को रखा जाता है। ऐसे कई मेतै परिवार हैं, जो वैष्णव देवी–देवताओं की पूजा नहीं करते पर हम कुछ पीढ़ियों से यह करते हैं, यह एक तरह के सन्तुलन को जीना है।

> यह मेतै और वैष्णव परम्पराओं के संश्लेषण को जीना है... क्या मणिपुर की प्रदर्शनकारी कलाओं में भी इस तरह का संश्लेषण होता है। उदाहरण के लिए क्या मणिपुर नृत्य में भी मेतै तत्त्व हैं?

बिल्कुल। उसमें अनेक मेतै तत्त्व हैं।

मैं जानबूझकर आपके नाटकों का उदाहरण नहीं दे रहा, क्योंकि आप अपने नाटकों के लिए सारे देश की प्रदर्शनकारी कलाओं से विभिन्न तत्त्व लेकर उन्हें अपना बना लेते हैं। यह सच है कि आपकी कला की जड़ें मणिपुर में हैं पर आप अपने सृजन के लिए हर जगह से प्रेरणा ले पाते हैं। जैसा कि आपके नाटक यक्षगान से प्रेरणा प्राप्त हैं या कुड़ियाट्टम् से, और भी तमाम अन्य परम्पराओं से वहाँ प्रेरणा ली जाती है।

मैं ख़ुद को अन्यान्य ज्ञानों से समृद्ध करना चाहता हूँ। मैं महान् कलाकारों और गुरुओं आदि के विचारों को समझना चाहता हूँ। मैं सोचता हूँ कि बिना उनकी मदद और प्रेरणा के हम कुछ नहीं कर सकते।

मेरे मन में एक कुटिल प्रश्न आ रहा है। आप अब्राहम अल्काज़ी के शिष्य रहे हैं। उन्हें उनके लोक कलाओं से सम्बन्ध के कारण नहीं जाना जाता, जैसा कि आपको जाना जाता है। आपका प्रशिक्षण इस कट्टर यथार्थवादी के निर्देशन में हुआ है, जो पूरी तरह यूरोपीय रहे हैं। आपके उनसे सम्बन्ध का क्या स्वरूप रहा है?

वे उस्ताद हैं। अपनी अभिव्यक्ति की शैली के कारण नहीं, अपनी जीवन शैली के कारण। उनका ज्ञान विलक्षण है। वे साहित्य के व्यक्ति हैं, वे परिकल्पक हैं, वे चित्रकला के रसिक हैं, वे अच्छे संगीतकार हैं, वे बहुत कुछ हैं। वे यह ठीक-ठीक जानते थे कि वे क्या कर रहे हैं। उदाहरण के लिए जब वे 'सुल्तान रज़िया' करने की तैयारी कर रहे थे, उन्होंने उसमें मार्शल आर्ट्स का बेहतरीन उपयोग किया। मैं बिल्कुल अलग तरह का छात्र था। मैं उनके छाते के नीचे घास पर बैठ जाया करता था और उनसे यह पूछता रहता था कि वे कोई चीज़ क्यूँ कर रहे हैं। एक बार मैंने उनसे पूछा कि वे छुरे आदि का प्रयोग क्यूँ कर रहे हैं? वे बोले, 'मैं यह नाटक दिल्ली के दर्शकों के लिए कर रहा हूँ। इसे वे देखेंगे और पसन्द करेंगे।' वे यह इसलिए कह सके, क्योंकि वे जानते थे कि वे क्या कर रहे हैं। वे यह जानते थे कि लोग यथार्थवादी चीज़ों को देखने के आदी हैं। लेकिन वे सिखाते समय ग़ैर-यथार्थवादी पद्धतियों के विषय में अवश्य बोलते थे।

वे पश्चिम के प्रसिद्ध कवियों की बातें किया करते थे। जो लोग अभिनय सीखने आते थे, उनके दिमाग़ में यह सब जाता नहीं था, वे यह सोचते रहते थे कि यह सब उन्हें क्यूँ बताया जा रहा है। उनके पास टी.एस. इलियट जैसे कवियों की रिकार्डिंग थी। वे मक़बूल फ़िदा हुसेन को बिठाकर हमें व्याख्यान दिया करते थे। उनमें अनुशासन और नैतिक गुण बहुत ऊँचे स्तर के थे। मैंने उनसे अनुशासन सीखा। अल्काज़ी साहब कहा करते थे कि अगर कला में आना है तो बहुत ऊपर उठना होगा। वे इसे बहुत आवश्यक मानते थे। जीवन में ऐसा शिक्षक मिलना बहुत मुश्किल है, जो सब कुछ जानता हो और उसे बता सके। हरेक की व्याख्या कर सके। हम उनके बोलने का बेसब्री से इन्तज़ार करते थे। वे भले ही यथार्थवादी नाटक के हिमायती रहे हों, वे पहले व्यक्ति थे जो कोटा शिवराम कारन्त की मदद से पहली बार राष्ट्रीय नाट्य विद्यालय में 'यक्षगान' लाये। ब.व. कारन्त उस समय कोटा शिवराम कारन्त के सहायक थे। अल्काज़ी साहब जापानी रंगकर्म के विषय में भी व्याख्यान दिया करते थे। मैंने पहली बार 'नोह' रंगकर्म के बारे में उनसे ही जाना था। उन्होंने जापानी रंगनिर्देशक को आमन्त्रित किया था। वे एक महान् व्यक्तित्व हैं और साथ ही उतने ही बड़े शिक्षक भी हैं।

आप दिल्ली से मणिपुर लौटने के बाद क्या सोच रहे थे?

राष्ट्रीय नाट्य विद्यालय में यह कभी नहीं सिखाया गया था कि केवल यथार्थवादी नाटक करिये। आप वहाँ जो भी तकनीकी या रंग-संयोजन या रंग-वास्तु सीखते हैं, उसका उपयोग आपको अपने अंचल के रंगकर्म को करने में करना चाहिए। मैंने सोचा कि मुझे अपने अंचल में अपने विचारों को साझा करना चाहिए ताकि मैं इस संस्कृति में कुछ योगदान कर सकूँ। मेरे मन में यह स्पष्ट था कि मुझे पेशेवर रंगकर्मी होना है। राष्ट्रीय नाट्य विद्यालय ने मुझे एक रास्ता दिखाया था। मैंने सोचा कि मुझे अपनी जड़ों के निकट जाना चाहिए और अपनी उन तमाम चीज़ों को जानने-समझने की चेष्टा करना चाहिए, जो मैं तब तक जान नहीं पाया था। तब तक मैं पश्चिमी रंगकर्म को बहुत अच्छी तरह से जान चुका था। मैं अपने पिता के पास गया। मेरे पिता महान् नृत्य-गुरु थे। मैं उनसे बोला, 'मैं अनेक पारम्परिक और आनुष्ठानिक प्रदर्शनों को सीखना चाहता हूँ, नृत्य सीखना

चाहता हूँ, मार्शल कला आदि को सीखना चाहता हूँ।' मैं बचपन में मार्शल कला का व्यवहार कर लेता था पर मैंने उसकी आध्यात्मिक अर्थवत्ता को नहीं जाना था। मैंने अपने पिता से कह दिया था कि मैं यह सब किसी ऐसी कक्षा में जाकर नहीं सीखूँगा जहाँ बीसियों दूसरे छात्र भी सीख रहे हों। मैं चाहता हूँ कि मेरे गुरु मुझे अकेले में सिखाएँ। इस तरह मेरी शिक्षा शुरू हुई और चार साल तक निरन्तर चली। इस अवधि में मैं अनेक गुरुओं से मार्शल कला, नट संकीर्तन, पैना आदि सीखता रहा। इसके बाद मैं भारत की प्रदर्शन कलाओं को देखने की यात्रा पर निकल पड़ा। मैं केरल, गुजरात, कर्नाटक आदि देश के अनेक स्थानों पर गया। मेरे पास धन नहीं था पर मैं कार्यशालाएँ करता और फिर यात्रा पर निकल जाता। इसी तरह मैं घूमता रहा। रात हो जाती और मैं प्रदर्शन देखा करता, उन्हीं जगहों के लोगों से यह पता करता कि वहाँ किस तरह के व्यंजन बनते हैं, उन्हें कैसे बनाया जाता है। मेरे भीतर जानने की अकूत आकांक्षा है। नाटक करने के लिए बहुत कुछ जानना होता है। जो कुछ भी मैं जानता हूँ, उसे भी फिर से जीवन्त करना होता है।

आप किसी स्थान की प्रदर्शनकारी कलाओं और वहाँ के व्यंजनों के बीच क्या कोई सम्बन्ध देखते हैं?

व्यंजनों का सम्बन्ध वेशभूषा से है इसलिए, क्योंकि व्यंजन अनेक रंगों के होते हैं। उनमें ऊर्जा का प्रवाह भी होता है। उनका सम्बन्ध पर्यावरण के तत्त्वों से भी होता है। जलवायु का प्रभाव खाद्य पदार्थों पर पड़ता है। पाचन पर भी उसका असर होता है। यह सोचना चाहिए कि कोई भी अभिनेता ऐसा क्या खाये कि उसे अपने प्रदर्शन के लिए ऊर्जा मिले। अलग-अलग स्थानों पर जाकर मेरे मन में अलग-अलग तरह के सवाल उठा करते थे। मैंने यह समझने की कोशिश की कि केरल में पंचवाद्यम् इतनी तेज़ी से क्यों बजता है? इतनी तेज़ी से देश में कहीं और कोई भी वाद्य नहीं बजते। मैं उन दिनों समुद्र के किनारे बैठकर मछुआरों के गीत सुनता था, वे वहाँ नाव लाते थे, ले जाते थे और गाने गाया करते थे। मैंने पाया कि वहाँ लहरों की आवाज़ बहुत तेज़ होती थी, उनके बीच छोटे-मोटे ताल वाद्यों की आवाज़ सुनायी नहीं पड़ेगी, इसलिए लहरों की आवाज़ों के साथ सन्तुलन बनाने वाद्यों की आवाज़ को तेज़ होना होगा। मैंने यह भी देखा कि भूटान,

सिक्किम और लद्दाख जैसी पहाड़ी जगहों में लम्बे सुषिर वाद्य (भोंपू) होते हैं, जो नीचे की ओर जाते हैं। यह इसलिए है, क्योंकि वे पहाड़ों के ऊपर रहकर इन्हें बजाते हैं और इनकी आवाज़ को नीचे घाटी में छोड़ते हैं। मैंने यह भी समझने की कोशिश की कि जब तीन तरफ़ प्रेक्षक बैठे होते हैं तब प्रदर्शन किस तरह का होता है, जैसे मन्दिरों में एक ओर देवता की प्रतिष्ठा होती है और तीन ओर भक्तगण बैठते हैं और अनुष्ठान देखते हैं, ऐसी स्थिति में सारा प्रदर्शन देव प्रतिमा की ओर गतिशील होता है और अज्ञात की ओर अनुष्ठान के गतिशील होने का यह रास्ता आध्यात्मिक यात्रा को स्थापित करने में सहायक होता है। लेकिन जब हम मस्जिद में जाते हैं, वहाँ मीनार पर खड़े होकर अज़ान पढ़ी जाती है, यह इसलिए है क्योंकि मुअज़्ज़िन की आवाज़ ऊपर अल्लाह को और नीचे बन्दों को सुनायी दे। यह पाँच बार नमाज़ ऊपर वाले और नीचे वालों के लिए साथ-साथ है। इस आवाज़ की संगति मस्जिद के स्थापत्य के साथ होती है। चर्च में यह बात नहीं है। चर्च के भीतर जो गाया जा रहा है, वह बेथलेहम की ओर जाना चाहिए। हमें आवाज़ और प्रदर्शनों के साथ स्थापत्य-कला का सम्बन्ध समझना चाहिए। यह किसी किताब में नहीं लिखा है पर इस बारे में सोचना मुझे अच्छा लगता है। मैं बड़े-बड़े गिरिजाघरों में यह देखकर अवाक् रह जाता हूँ कि मदर मेरी के सामने बड़ी-बड़ी पीतल की चीज़ें रखी हुई हैं और वहाँ बड़ी-बड़ी खिड़कियों में रंगीन काँच लगे होते हैं। जब सूर्य की रोशनी गिरिजाघर में आती है, वह पीतल पर किस तरह गिरती है और वहाँ से प्रतिबिम्बित होकर वह मदर मेरी को किस तरह सजाती है, यह समझने की बात है। इसमें प्रकाश व्यवस्था की समझ निहित है।

प्रकाश व्यवस्था की दृष्टि से मन्दिरों की व्याख्या किस तरह की जा सकती है?

हिन्दू मन्दिरों में किसी भी तरह का उजाला बुरा लगेगा। उसके होने से यह नहीं लग पायेगा कि वहाँ देवी-देवता हैं। वहाँ अँधेरा रहना चाहिए और वहाँ छोटा-सा दीया या कुछ दीये जलते रहने चाहिए। उनकी किरणों से जितना थोड़ा-सा हिस्सा दिखायी देता है, उतना ही गर्भगृह में दिखायी देना चाहिए। यही कुछ कुड़ियाट्टम् और कथकली के प्रदर्शनों में हुआ करता

है ताकि उस स्थान की पवित्रता भंग न हो पाये। गर्भगृह में दीये की रोशनी में संस्कृत के श्लोक या आरती का गान, मंजीरों और घण्टियों की आवाज़, फूलों और तुलसी की गन्ध जिस परिवेश की रचना करती हैं, उसके बीच खड़े होकर धूप और आरती के बीच जब मैं अपने को अनुभव करता हूँ मुझे यह लगता है कि यहाँ मैं अपना समर्पण कर सकता हूँ। मुझे वैसा मन्दिर अच्छा नहीं लगा जहाँ हर ओर रोशनी रहती है।

आपके नाटकों में प्रकाश व्यवस्था और ध्वनि विन्यास का सम्बन्ध काव्यात्मक है। आप इस तरह प्रकाश को व्यवस्थित नहीं करते कि अभिनेता या अभिनेत्री नज़र आयें। आपके नाटकों में प्रकाश कथ्य को आलोकित करता है, इसका अर्थ यह है कि आप प्रकाश का ध्वनि के साथ सम्बन्ध जोड़ते हैं।

ध्वनि का अपना स्केल होता है। ध्वनि रंग भी उत्पन्न करती है। रंग भी ध्वनि उत्पन्न करते हैं। आप ध्वनि को प्रकाश से अलग नहीं कर सकते, इसलिए आपको उनके बीच एक ऐसा सन्तुलन पाना होता है जिससे आप नाटक के कथ्य पर काम कर सकें। अभिनेता को प्रकाशित करना आवश्यक नहीं है, उसके मनोभाव को प्रकाशित करना होता है। सिर्फ़ उसके चेहरे का भाव ही नहीं, उसके समूचे शरीर की अभिव्यक्ति को प्रकाशित करना होता है। संगीत, अभिनेता की आवाज़ की बुनावट और प्रकाश मिलकर एक त्रिकोण बनाते हैं, इस त्रिकोण को अनदेखा नहीं किया जा सकता। मैं अपने प्रदर्शनों में बहुत शुरुआत से ही इनके बीच की संगति की कल्पना करता हूँ। मान लीजिये, मैं अपने किसी नाटक की शुरुआत में पहली ब्लाकिंग कर रहा हूँ, मैं इस समय यह अवश्य सोचूँगा कि इस दृश्य में किस तरह की प्रकाश व्यवस्था होनी चाहिए। ऐसा नहीं है कि जब मैं नाटक की रिहर्सल पूरी कर चुका होऊँगा, प्रकाश व्यवस्था की तब सोचूँगा। मैं शुरू से ही यह सोचूँगा कि अभिनेता की गति के साथ किस तरह का प्रकाश हो। प्रकाश को उसकी गति में क्या उद्घाटित करना होगा, क्या नहीं। मैं शुरू से ही इस सब पर विचार करने लगता हूँ। इस बात पर भी कि आवाज़ और संगीत कितना तेज़ होगा। यह भी हो सकता है कि वे दोनों पूरी तरह शान्त हों।

और इस सबका रंगों से क्या सम्बन्ध बनता है? आपके नाटकों में रंग लगभग बोलते हैं, वे आपके नाटकों के लगभग अभिनेता हैं।

रंगों का मिश्रण अनेक भाव उत्पन्न करता है। रंगों के अनेक सिद्धान्त हैं, जो आपको मालूम होने चाहिए। रंगों का अपना नाट्यशास्त्र है क्योंकि उनका भी सम्बन्ध रस से है। रंगों का सिद्धान्त रंगों के व्यवहार के विषय में बहुत बताता नहीं है। मैं वह करने की कोशिश करता हूँ जो रंगों के साथ किया जाना चाहिए। कई बार आप स्पेस को किसी एक रंग से छेद देते हैं, कई बार आप रंग के सहारे स्पेस को कई टुकड़ों में काट देते हैं, कई बार आप रंगों के संयोजन के सहारे स्पेस को ख़ूबसूरत बना देते हैं। रंगों के चयन का अर्थ यह नहीं है कि कोई एक रंग ही काफ़ी है या कि रंगों का सिद्धान्त काफ़ी है। मेरे नाटक 'चक्रव्यूह' में अभिमन्यु गर्भ में है। गर्भ कुछ अभिनेताओं द्वारा बनाया गया है। वह लाल है। वे अभिनेता गर्भ भी बनाते हैं और सैनिक भी हो जाते हैं। मैंने इस दृश्य में एक असामान्य प्रयोग किया। अगर आपको लाल वेशभूषा दिखाना है तो आमतौर पर आप उसे हल्के रंग के प्रकाश में दिखायेंगे, जैसे सफ़ेद प्रकाश में, लेकिन मैंने इस दृश्य में लाल रंग के प्रकाश का उपयोग किया ताकि वेशभूषा का लाल रंग और लाल प्रकाश एक दूसरे पर प्रहार करें, वेशभूषा प्रकाश पर प्रहार को और प्रकाश वेशभूषा पर ताकि वह युद्ध के परिवेश को जागृत कर सके। मैं अपनी डिज़ाईन के भीतर इस तरह के कई प्रयोग कर रहा हूँ। ये सारे प्रयोग अलग-अलग विचारों से उत्पन्न होते हैं।

चित्रकला को देखें तो पता चलता है कि अगर आपने आकाश को नीला चित्रित किया है तो यह कोई विशेष बात नहीं है। ऐसे कई चित्र हैं जिनमें नदी को पीले रंग से बनाया गया है, कई जगह उसे सफ़ेद बनाया गया है, जबकि वह नीली होती है। यह सम्भव है कि बादल का प्रतिबिम्ब नदी में हो और इसलिए वह सफ़ेद चित्रित की जाये। इस तरह यह चित्रण यथार्थवादी न होते हुए भी यथार्थ के निकट होता है। मैं निरन्तर सीखना चाहता हूँ। मैं चित्रकला से भी सीखता हूँ और अन्य तमाम दूसरी चीज़ों से भी।

मैं नाटक करते समय उसके अलग-अलग हिस्सों की कल्पना करता हूँ।

आप मंच को वर्ग में या चतुर्भुज में, या वृत्त में विभाजित करते हैं और फिर देखते हैं कि उसे प्रकाशित कैसे किया जाये। कई बार सहायक लाईटें सामने से आतीं मुख्य लाईटों में अधिक शक्तिशाली हो जाती हैं। ऐसा करने से आप पूरा चेहरा दिखाने की जगह चेहरे की रेखाओं को दिखाते हैं, जो कई बार पूरे चेहरे को दिखाने से अधिक सार्थक होता है। जैसा कि फ्राँसीसी चित्रकार हेनरी मातीस के चित्रों में होता है। इन महान् चित्रकारों को जानना-समझना अच्छा है। कई बार इन चित्रकारों की रेखाएँ महत्त्वपूर्ण होती हैं, कई बार प्रकाश, कई बार उनकी आकृतियों की माँस-सज्जा, कई बार समूह रचना। उदाहरण के लिए गोया के चित्रों में अद्भुत समूह रचना मिलती है। प्रश्न यह नहीं है कि मैं उनसे प्रभावित होता हूँ कि नहीं, बात यह है कि मुझे उन सबसे और अनेक दार्शनिकों से प्रेरणा मिलती है। आप कालिदास को ही ले लीजिये, जब न हवाई जहाज था और न हेलीकॉप्टर, कालिदास ने 'मेघदूत' में हिमालय से लेकर उज्जैन तक की यात्रा का आसमान से देखा गया वर्णन किया है। कालिदास ने यह सब बिना आसमान से देखे लिखा। उन्होंने कल्पना के सहारे यह परिप्रेक्ष्य रचा, इसीलिए 'मेघदूत' इतना उत्तेजक सृजन है। वे यह सब कैसे कर सके, यह एक बड़ा प्रश्न है। मैं इस पर अक्सर सोचता हूँ।

> 'ऋतुसंहार' मूलत: कविता है। उसमें कालिदास ने छ: ऋतुओं का वर्णन किया है। पर उसमें नाटक की सम्भावना थी, यह आपके नाटक देखने से पहले सोच पाना मुश्किल था। उसमें नाट्य तत्त्व की जगह वर्णन है, इसलिए भी यह सोच पाना कठिन था कि कोई उस पर नाटक कर सकता है, पर आपने उस पर अद्भुत नाटक किया है। आप 'ऋतुसंहार' की ओर क्यों आकृष्ट हुए?

मैं उन दिनों बहुत थका हुआ था। एक के बाद दूसरा प्रदर्शन कर रहा था। मैं इसीलिए बहुत यात्राएँ कर रहा था। कह सकते हैं कि उन दिनों मुझमें ऊर्जा का स्तर बहुत कम हो गया था। मैंने सोचा कि मुझे यह क्या हो गया है? तभी अचानक मुझे यह समझ आया कि कई बरस बीत गये, मैं फूलों के पास नहीं गया, मैंने फूलों को अच्छी तरह नहीं देखा, मैं बारिश में भीगा नहीं हूँ, मैंने सोचा। पत्तों से बतियाया नहीं हूँ, उनको आँख भरकर नहीं

देखा है, पेड़ों को नहीं देखा है, पक्षियों की आवाज़ को नहीं सुना है। यह मुझसे क्या हो गया? चार साल हो गये, मैंने यह सब नहीं किया। इसके बग़ैर मुझमें शक्ति और ऊर्जा कहाँ से आयेगी? जिनके साथ मेरी जान-पहचान है, उनके पास मैं नहीं जा सका, मेरी शक्ति के जो स्रोत हैं, मैं उनसे दूर हो गया हूँ। आधुनिक व्यस्त जीवन के कारण मेरा मिट्टी और पानी से लगाव कम होता जा रहा है, ऐसा मैंने सोचा।

मैंने विचार किया, मुझे उनके पास, अपने स्रोतों के पास फिर से जाना होगा। मैंने सोचा कि मैं प्रकृति के सौन्दर्य के निकट जाऊँगा और कहूँगा कि मुझे अपनी गोद में थोड़ा आराम करने दो, मुझे वहाँ सिर रखकर थोड़ी देर सोने दो। ऐसे में मुझे यह याद आया कि एक-एक ऋतु के साथ मेरा सम्बन्ध कम हो गया है। उस समय मैं ब्राजील जा रहा था। वह बहुत दूर है। मेरे पास कालिदास की कृतियों का संकलन था। वहाँ हर शाम प्रदर्शन होते रहते। रात में होटल के कमरे में लौटकर मुझे यह लगता कि मुझे ऋतुओं के साथ सम्बन्ध बनाने के लिए 'ऋतुसंहार' पढ़ना चाहिये।

मैंने क़रीब ग्यारह बजे रात को 'ऋतुसंहार' खोला। उसका पहला अध्याय 'ग्रीष्म वर्णन' पढ़ा। इसके अलावा कुछ नहीं पढ़ा। मैंने तुरन्त अपनी नोटबुक निकाली और उसमें इस अध्याय का मणिपुरी में अनुवाद कर दिया। यह करने में मुझे बहुत ख़ुशी हुई और इसमें मुझे क़रीब दो घण्टे लगे। मैंने यह अनुवाद बहुत जल्दी कर लिया था। रात के क़रीब एक बजे अनुवाद कर चुकने के बाद मुझे लगा कि मुझे इसे किसी को सुनाना चाहिये। मेरे साथ वहाँ मणिपुर के नृत्य-संयोजक ईबो चोब सिंह थे। वे मेरी ही उम्र के हैं। मैंने उनके कमरे में जाकर उन्हें जगाया। वे उठकर बोले, 'क्या बात है?' मैंने कहा, 'मैंने कालिदास के ऋतुसंहार के पहले अध्याय का अनुवाद किया है, क्या तुम सुनोगे?' वे सुनने को हमेशा ही उत्सुक रहा करते थे। हम मेरे कमरे में आ गये। मैंने फ्रिज से स्कॉच की बोतल निकाली और उसे गिलास में डालकर हम दोनों बैठ गये। मैं उन्हें अनुवाद सुनाने लगा। मैंने उसे बार-बार पढ़ा। उसे वह बहुत अच्छा लग रहा था। फ्रिज का मिनी बार ख़ाली हो गया। सुबह के छः बज गये थे। वहाँ सुबह का नाश्ता छः बजे से शुरू हो जाता था। हमने सोचा कि चलो नाश्ता करते हैं। नाश्ते के बाद हम फिर सुनते-सुनाते और पीते-पिलाते रहे।

'चक्रव्यूह' नाटक का एक दृश्य

मैं थोड़ा-थोड़ा सा अनुवाद करता रहा। अनुवाद करने की गति धीमी हो गयी, क्योंकि मैं सोच रहा था कि इस पर कैसे नाटक किया जाये ? मैं यह सोचने लगा कि इस नाटक की थीम क्या है ? मैं लिखता रहा और पढ़ता रहा। उन दिनों ब्राजील में हमें तीन-चार दिन का अवकाश मिल गया था। उस दौरान मैं यह बड़ा काम कर गया। मैं बहुत सुबह से सोचना शुरू कर देता था और अनुवाद करता था और पीता था और सुनाता था। आख़िर में मुझे यह समझ में आया कि यह सारा कुछ एक श्लोक पर टिका हुआ है। वह श्लोक पथिक की पीड़ा और विरह की बात करता है। उसी से 'ऋतुसंहार' का यह सब वर्णन उत्पन्न हुआ है। मुझे लगा कि यह पथिक मैं ख़ुद हूँ। यह सिर्फ़ उन पुराने दिनों का पथिक नहीं है, इसकी पीड़ा और विरह तो किसी भी समय के पथिक की हो सकती है। मैंने यह तय किया कि इस पथिक को समकालीन बनाना चाहिए। मैंने उसे 'हेट' पहना दिया, उसे ट्राली वाला बैग दे दिया और

यह कल्पना की कि समूचा नाटक इसी के चारों तरफ़ बुना जाये।

> पथिक के प्रति आपकी इस दृष्टि में यह विशेष है कि वह तमाम ऋतुओं से होकर गुज़र रहा है और आपने अपने नाटक में तमाम दृश्य इस तरह रचे हैं मानो वे उस पथिक की कल्पना हों जो उन ऋतुओं से अलगाव भोग रहा है। क्या आप यह कह रहे हैं कि ये सभी दृश्य विप्रलम्भ के वर्णन हैं?

हाँ, वे विप्रलम्भ के ही वर्णन हैं पर वह अपने विरह को भूलकर अन्यान्य ऋतुओं का आनन्द लेता है। वह अलग परिवेश में आकर कभी-कभी उसमें शामिल हो जाता है। वह ख़ुद को इस बदले हुए परिवेश में देखता भी रहता है क्योंकि वह दृष्टा है, साक्षी है। लेकिन वह एक ऐसा व्यक्ति भी है जो अपने विप्रलम्भ के भार को उठाये हुए है। जब वह ख़ुद को अकेले में पाता है, सारा दृश्य ख़ासा समकालीन हो उठता है, जहाँ वह वायलिन बजाता है। मैंने इस प्रदर्शन में प्रकृति से गहरा सम्बन्ध बनाकर अपने को फिर से ऊर्जस्वित करने का प्रयास किया है।

> आपके इस प्रदर्शन में रंगों की बड़ी भूमिका है, बल्कि यहाँ तक कहा जा सकता है कि वे इस नाटक के पात्र हैं?

कालिदास ने इस कृति को लिखते समय जो देखा था, मैं उसमें भागीदारी करना चाहता हूँ। मैंने इसमें स्थानीय और अन्य रंगों के चित्रण का उपयोग किया है। कालिदास ने इसे इसी तरह देखा होगा। इस कृति में कभी-कभी मिनिएचर चित्रों जैसा भाव आ जाता है। जैसे हमने एक जगह कमल के फूल को प्लेटफार्म के ऊपर उठा दिया और उसके नीचे रासलीला की तरह का नाच-गाना चलता है। इससे मिनिएचर चित्रों के जैसा दृश्य संयोजन हो जाता है। मुझे अपने मन में कालिदास से यह पूछते रहना अच्छा लगता है कि आप तो सशक्त कल्पनासम्पन्न हैं, पर क्या मैं उसके आसपास भी भटक सका हूँ?

जब वे शरद ऋतु के आगमन का वर्णन करते हैं, वे कहते हैं कि शरद ऋतु ऐसे आ रही है मानो घूँघट लिए हुए नववधु आ रही हो। वाह, क्या बात

है! ग्रीष्म ऋतु का वर्णन माघ ने 'शिशुपालवध' में बहुत ख़ूबसूरती से किया है। यह सब भी देखना पड़ता है। मसलन शृँगार के स्रोत रतिभाव में होते हैं, इसलिए 'अमरूशतक' का अध्ययन करना होता है। इन सब चीज़ों को लेकर हम नाटक को बुनते हैं। नाटक करने में पैसे भले न मिलें, बौद्धिक उद्यम के फलस्वरूप आनन्द ज़रूर मिलता है। नाटक कलाओं के मिश्रण की कला है। अगर उसके संगीत को लेकर ही सोचा जाये तो ही कितना सारा विस्तार होगा। यही कुछ उसके रंगों की स्थिति है। यही कुछ रंग परिकल्पना की। यहाँ हर आयाम में विस्तार है। सौन्दर्य एक ऐसी चीज़ है जिसे छूने की आप कोशिश करते हैं और जब आपको यह लगता है कि आप उसे छूने ही वाले हैं, वह थोड़ा और आगे सरक जाता है। यही जीवन भर चलता रहता है। यह माया-मरीचिका की तरह होता है। अगर किसी चीज़ को बिना सौन्दर्य बोध के पेश करेंगे, उसका कोई भी अर्थ निकलना मुश्किल होगा और यह स्वीकार्य भी नहीं होगा। कला में यही होता है। कला में सौन्दर्य बोध ही चमत्कार उत्पन्न कर सकता है। कला में आप अधिकतर अवचेतन में रचना करते हैं। रेगिस्तान में जाकर जब किसी व्यक्ति को प्यास लगती है, वह सोचता है कि आगे हरियाली है वहाँ पानी मिल जायेगा और वह आगे चला जाता है। लेकिन वहाँ भी पानी नहीं होता, पर उसके क़दम आगे बढ़ते रहते हैं। कला में इन्हीं क़दमों की आवश्यकता होती है। वहाँ आपको सौन्दर्य को छूने के लिए आगे बढ़ते रहना होता है। कविता के छन्द आदि आवरण को देखकर आप प्रदर्शन करने की ओर बढ़ते हैं। छन्द से संगीत उत्पन्न होता है। छन्द में ताल होती है। इस तरह लिखी हुई कविता (नाटक) का रूपान्तरण होता रहता है। छन्द से संगीत की धुन बन जाती है और यह धुन आपके सामने कई रंग उपस्थित करने लगती है क्योंकि उसके साथ अन्धकार और रात्रि और सुबह बुने हुए होते हैं।

कालिदास की किसी पंक्ति को याद कर लेना कौन-सी बड़ी बात है, इसमें बीस मिनट से अधिक क्या लगेगा? लेकिन कालिदास ने उस पंक्ति को लिखने में शायद सात दिन ख़र्च किये हों क्योंकि उसे लिखने के पहले ही उसने उसमें न जाने कौन-कौन-से आवरण डाले हुए हैं और ऐसा करने में उसे कई दिन लग गये होंगे। अगर अभिनेता उसे केवल मुखस्थ करके बोल दे, तो उन सात दिनों का क्या अर्थ रह जायेगा? वह

दरअसल उस संवाद की केवल उल्टी करेगा। जब तक वह उस संवाद के तमाम सम्बन्धों, जैसे- छन्द, धुन, रंग और प्रभाव आदि पर ध्यान नहीं देगा, उसकी कल्पना शक्ति खेलना शुरू नहीं करेगी। जब वह इन सब पर ध्यान देता है, उसकी कल्पना शक्ति जाग उठती है, फिर वह सोचता है, चाँदनी रात है, मोर है आदि। जबकि ये सब उस पंक्ति में नहीं हैं लेकिन जब वह इन तमाम चीज़ों पर ध्यान देता है, उसे पता चलता है कि कोई पात्र कोई संवाद किस परिवेश में बोल रहा है। अगर वह यह सब करता है तो एक संवाद को बोलने में उसे भी सात दिन लगेंगे। अगर आप नाटक में नाटककार की या कवि की कल्पना की गहरायी तक नहीं पहुँच सकते तो आपके नाटक में काव्य-तत्त्व नहीं आ पायेगा और अगर आप यह करते हैं तो आप गद्य को भी काव्य बना सकते हैं। 'शिशुपालवध' की यह पंक्ति, 'नव पलाश पलाशवनम् पुरः स्फुटपराग परागतपंकजम्' (श्रीकृष्ण ने सबसे पहले नये पत्तों से युक्त पलाशवन वाले, प्रफुल्लित मकरन्द परिपूर्ण कमलों वाले मृदुल (किन्तु गर्मी से) कुछ मुरझाये फूलों वाले और फूलों की ख़ुशबू से महकते वसन्त ऋतु को देखा।) पूरे परिवेश को एकबारगी चित्रित कर देती है। वे पलाश कितने ख़ूबसूरत होंगे और वे नये पलाश हैं—नवपलाश। जब यह सब आँखें खोलकर या मूँदकर देखते हैं, तभी जाकर कुछ बनता है। मैं समझता हूँ कि नाट्य कला में

'चक्रव्यूह' नाटक का एक दृश्य

किसी कवि की या स्वयं की पंक्ति को अभिव्यक्त करने आपको कई तत्त्व डालने होते हैं। कला यह नहीं कहती कि आप कला कीजिये, वह तो यह कहती है कि अगर आपमें हिम्मत है तो करके दिखाइये। अगर कला चुनौतीपूर्ण नहीं जो मुझे दिन-रात जगाये रखे तो उसे करने का कोई अर्थ नहीं।

> आपको क्या ऐसी ही कुछ चुनौती 'उत्तरप्रियदर्शी' करते हुए अनुभव हुई थी? अज्ञेय का लिखा नाटक बहुत अधिक विचार केन्द्रित है जबकि आपका प्रदर्शन वैसा नहीं है।

इस नाटक को करने में मुझे तीन साल लग गये। इसका दर्शन तो समझ में आता है लेकिन उसका समकालीन विस्तार कैसे किया जाये, प्रश्न यह था। यह एक ऐतिहासिक घटना पर आधारित है। अज्ञेय जी ने तो लिख दिया कि नगर में घोर थे पर वे कैसे थे, यह तो नहीं पता। पर यहीं हमें समझ लेना चाहिए कि नाटक करने और लिखने में क्या फ़र्क़ है? नाटक करने में आपको हमेशा तार्किक प्रक्रिया दिखानी होती है। कविता या उपन्यास में आप यह कह सकते हैं कि यहाँ एक लड़की बेहोश हो गयी और उस समय उसके सामने कोई नहीं था। इसके साथ ही आप उपन्यास का अध्याय समाप्त कर सकते हैं। अगले अध्याय में आप कह सकते हैं कि वह लड़की एक बिस्तर पर लेटी है और एक लड़का उसकी सेवा कर रहा है और उसके बाद उनके बीच संवाद शुरू होते हैं। लेकिन अगर आप इसे ही नाटक में करेंगे तो उसकी आवश्यकताएँ कुछ अलग होंगी। लड़की के बेहोश होने के बाद आपको यह बताना होगा कि वहाँ कौन-कौन आया और कैसे-कैसे आया। दूसरे शब्दों में, दो स्थितियों के बीच की तार्किक प्रक्रिया नाटक में दिखानी होती है। उपन्यास में उसके न होने से भी काम चल जाता है। इसी तरह 'उत्तरप्रियदर्शी' की तार्किक प्रक्रिया ढूँढ़ने हम कोलकाता की एशियाटिक सोसाइटी पहुँच गये। वहाँ पुराने ग्रन्थों को खंगाला। वहाँ मैंने चीनी यात्री फाह्यान के संस्मरण देखे। फाह्यान जब भारत के एक नगर में पहुँचे, नगर की दीवार के पास टूटे हुए घोरों (जिन्हें अज्ञेय जी ने नरक कहा है) कायम थे। यह पढ़ने के बाद मैंने सोचा कि नरक कैसा होगा? नरक को किसी ने देखा नहीं। बर्मा के रंगून शहर में सबसे बड़े बौद्ध मन्दिर का नाम है— 'स्वेदागोंग'। उस मन्दिर में

ऊपरी गुम्बद पर चक्कर काटने का रास्ता इतना बड़ा है कि वहाँ एक बैलगाड़ी जा सकती है। मन्दिर में बहुत सारे चित्र हैं जिनमें नरक को कल्पित किया गया है। यह कल्पित किया गया है कि नरक कैसे-कैसे होते हैं। उदाहरण के लिए, उन चित्रों में यह है कि नरक में बहुत बड़ी कड़ाही में लोग डाले जाते हैं, आदि। उसके बाद मैं अनेक बौद्ध मठों में गया और वहाँ अनेक चित्र देखे। फिर लन्दन जाकर कारावास देखे। उन्हें देखकर मुझे लगा कि ये ही आधुनिक नरक हैं। लेकिन मुझे लगा कि मुझे इससे भी अधिक अनुभव करना चाहिये। फ्रांस में पेरिस से क़रीब पन्द्रह क़िलोमीटर दूर एक क़िला है। वह दीवारों से घिरा हुआ है और उसकी इमारत बीच में बनी हुई है। वहीं एक बहुत ऊँचा टावर है। मैं उस टावर में चला गया। मुझे कहा गया कि वह टावर उसी दिन बन्द किया जाना था और वह अगले तीन सालों तक बन्द रहने वाला था। मैं सुबह से शाम के पाँच बजे तक उस टावर में रहा। मैंने वह जगह भी देखी, जहाँ मेरी एन्ट्वायनेट को रखा गया था। वहाँ सारे कमरे मोटे-मोटे पत्थरों के बने हुए हैं। वे आठ फुट लम्बे और छह फुट चौड़े होंगे। वहाँ पत्थर के ही बिस्तर हैं और सूर्य का प्रकाश नहीं आता, सिर्फ़ हवा आती है। वहाँ अगर कोई आदमी तीन महीने ही रह ले, उसका चमड़ा ख़राब हो जायेगा। कमरों में मोटे-मोटे दरवाज़े लगे हैं जिनमें छोटे-से छेद हैं, जिनसे खाना दिया जाता था। मैं इन बहुत सारे कमरों में से एक में चला गया। मैंने अन्दर से ख़ुद को बन्द कर लिया और मैं वहाँ रहा। मैंने यह जानने की कोशिश की कि ऐसे परिवेश में मैं कैसा अनुभव करता हूँ। मुझे अजीब-अजीब से ख़्याल आने लगे। कई तरह की यन्त्रणाएँ आदि के ख़्याल मेरे मन में आने लगे, जिनके बारे में मैंने कभी नहीं सोचा था। मेरे साँस लेने का ढंग बदल रहा था। तब मुझे लगा इसे नरक कहते हैं। वहाँ की अनुभूति मात्र ही नरक थी। मैंने सोचा इन सारे तमाम तरह के नरकों को आधुनिक सन्दर्भ में लाना चाहिये। मैंने यह भी सोचा कि नरक का ध्वनि विन्यास और संगीत कैसा होगा? मैंने तेज़ चोट से उत्पन्न होने वाला संगीत सोचा। मैं किसी भी ताल वाद्य का उपयोग करना नहीं चाहता था। मैंने खणम् का उपयोग करने की सोची। सबसे दिलचस्प यह है कि जब नाटक में भिक्षु आते हैं, लड़कियाँ भी आती हैं क्योंकि वह स्थान मायावी है और ये युवा भिक्षु नरक में घुस जाते हैं। बैंकाक में मैं एक बार श्लोकों के उच्चारण का या पाठ का अध्ययन कर रहा था। वहाँ के बौद्ध

विश्वविद्यालय से बाहर निकलते हुए मैंने देखा कुछ युवा भिक्षु, जो चौदह–पन्द्रह बरस के थे, विश्वविद्यालय के मुख्य द्वार से निकलकर बैंकाक की फ़ैशनेबुल सड़क पर जा रहे हैं। ये सारे भिक्षु सिर मुड़ाये हुए थे और बैंकाक की उस सड़क पर मिनी स्कर्ट पहने लड़कियाँ आ–जा रही थीं। वे बाहर आकर जब इन लड़कियों को देखते, उनकी अजीब–अजीब तरह की प्रतिक्रियाएँ होतीं। मुझे यह देखकर बहुत कुछ समझ में आया। मैं भूटान के मठ में भी गया यह देखने कि वहाँ जाप किस तरह होता है और यह देखने भी कि वहाँ चक्र किस तरह घुमाया जाता है। 'उत्तरप्रियदर्शी' करने के दौरान मैंने यह सब अध्ययन किया था।

'उत्तरप्रियदर्शी' अत्यन्त तीक्ष्ण दार्शनिक नाटक है, उसे दृश्य रूप में प्रस्तुत करना बहुत मुश्किल काम है। मैंने अपनी तरफ़ से कोशिश की थी। उसकी एक–एक पंक्ति मुझे बहुत दूर तक ले जाती थी। मैंने उसमें यह कोशिश की थी कि जाप संगीत में बदल सके। जंगल में जाप से जिस तरह अकेलापन व्यक्त होता है। उत्तरप्रियदर्शी भले ही छोटी–सी किताब हो, पर उसका प्रक्षेपण बहुत विराट है। इस सबको करने में बहुत वक़्त लगता है, पर करने पर मन को शान्ति मिलती है, अच्छी ख़ुशबू आती है। मैं तो अच्छी ख़ुशबू की ही तलाश में हूँ। आदमी ख़ुशबू से प्यार करता है, वह रसोईघर की हो या फूल की।

टैगोर के 'किंग ऑफ़ द डार्क चेम्बर' करने का आपका अनुभव कैसा रहा?

यह कठिन प्रस्तुति थी। इसमें कई प्रतीकात्मक दृश्यावलियाँ हैं। यह अत्यन्त दार्शनिक नाटक है और इसका दार्शनिक आयाम भी गहन है। यह बहुत दिलचस्प पर साथ ही बहुत जटिल प्रस्तुति थी।

आपने इस नाटक में रानी की आवाज़ को किस तरह रखा है?

इस नाटक में संवेदनाएँ लगातार सरकती रहती हैं और यह बहुत तेज़ी से होता है। उन दिनों टैगोर के लिए यह महत्त्वपूर्ण था कि वे कथा को ठीक से कहते क्योंकि उनके दशकों में कथा को साफ़–साफ़ देख पाने की प्रत्याशा थी। उन दिनों यह स्वाभाविक था लेकिन एक पंक्ति से दूसरी में

जाते हुए वे मानों गहन दार्शनिकता और आध्यात्मिकता नाटक में इनजेक्ट कर देते थे। वे कहानी में ही ये सारे तत्त्व ले आते थे। लेकिन धीरे-धीरे वे कहानी को पीछे छोड़ देते हैं और जब वे नाटक के अन्त में पहुँचते हैं, उनके पास केवल कथ्य रह जाता है। यह चतुराई से लिखा गया नाटक है। यह टैगोर के सभी नाटकों से अलग है।

अँधेरे कमरे में रानी दीवारों से बात कर रही है। इसके अलावा वहाँ कुछ नहीं है। लेकिन मेरे लिए इस नाटक में रानी को यह लग रहा है कि कोई एक स्थान से दूसरे स्थान पर आ-जा रहा है और वह उससे बात कर रही है, किसी अज्ञात व्यक्ति से, जिसे उसने कभी नहीं देखा है। इस प्रस्तुति में हमने तरह-तरह से उत्खनन करके अभिव्यक्ति की सम्भावना को खोजने की कोशिश की है, जैसा कि स्वयं टैगोर चाहते रहे होंगे। इसीलिए पहले अंक में तरह-तरह के दृश्य आते हैं। वह सोचती है कि राजा कैसा दिखता होगा। मैंने उस दृश्य में उसकी कल्पना को रूप देने की कोशिश की है। वह कल्पना हवा में है और इसीलिए उसे यथार्थवादी ढंग से करना

'उत्तरप्रियदर्शी' नाटक का एक दृश्य

कठिन है। बल्कि वैसा करना असम्भव है। इस नाटक में मैंने परिवेश को ही चरित्र की तरह बरता है ताकि रानी को अकेलापन न लगे। उसके लिए अपने परिवेश से बात करना वैसा ही है जैसे वह राजा से बात कर रही हो। परिवेश से इस बातचीत के दौरान 'स्पेस' भी टूटने लगता है और रानी उस परिवेश को छोड़कर चली जाती है। शुरुआत से ही भगवा उत्तरीय प्रतीकात्मक हो उठता है और उस उत्तरीय का पीला-सा रंग उत्सव का रंग है और यह भी सच है कि अन्धकार में केवल चमकीले रंग ही दिखते हैं। रानी उस रंग की कल्पना करती है। यह कल्पना पात्र के साथ लुका-छिपी का खेल खेलती है। रानी के पास सूरंगमा के अलावा कोई नहीं है। टैगोर कुलीन परिवारों की स्थिति जानते थे और इसलिए वे इस नाटक में तरह-तरह के लोगों को ले आते हैं, गवर्नरों को, साधारण लोगों को, भद्रलोक को। उत्सव में ये सभी साथ आ सकते हैं, लेकिन जब आप रानी की ओर देखते हैं, आप पाते हैं, वह अकेले ही उत्सव का आनन्द ले रही है। वह अपने नौकरों के अलावा किसी और तक जा भी नहीं सकती। बात सिर्फ़ यह नहीं है कि उसे अकेला रखा गया है, वह ख़ुद को भी इस खेल का भाग बनाती हुई अकेली रहने लगती है। पर कहानी की भीतरी सतह यह है कि वह अपनी इस कल्पना को जीने लगती है। वह सोचती है कि ऐसा करके वह इस स्थिति से छुट्टी पा लेगी। लेकिन ऐसा होता नहीं। उसे उस कमरे की आदत डाल दी गयी है इसीलिए वह वापस लौट जाती है। उसे बोध होता है और वह राजा की शुद्धता, पवित्रता, ईमानदारी आदि के विषय में बात करती है। सोने को किसी भी रूप में ढाला जा सकता है और साथ ही वह शुद्धतम धातु है इसीलिए मैंने उसके चेहरे पर सोने का मुखौटा लगाया। राजा की छाया नज़र आती है जो उसे आलिंगनबद्ध कर लेती है।

> यह शायद इसलिए है क्योंकि रानी का सम्बन्ध 'राजा' से उतना नहीं जितना उसकी अपनी 'राजा की कल्पना' से है।

टैगोर या इब्सन या शेक्सपीयर जैसे नाटककारों की रचनाओं को करने के लिए बहुत समय की आवश्यकता होती है। आपको इन महान् नाटककारों के साथ संवाद करना होता है तब जाकर आपको उनके लेखन का प्रयोजन समझ में आ पाता है। प्रश्न यह है कि मैं उन्हें एक रंगनिर्देशक की तरह

किस तरह देखूँ, मैं नाटक करने की प्रक्रिया किस तरह विकसित करूँ?

> आपका नाट्यपाठ से कैसा सम्बन्ध बनता है? कुछ रंगनिर्देशक नाट्यपाठ को पढ़ने के बाद ख़ुद अपना उपपाठ या प्रदर्शन-पाठ तैयार करते हैं। इस विषय में आप क्या सोचते हैं?

मै भी प्रदर्शन-पाठ लिखता हूँ। मैं दो चीज़ें करने की कोशिश करता हूँ। नाटक में एक तो कथ्य का विकास होता है और दूसरी नाटक की अपनी बनावट होती है। नाट्यकार ने हो सकता है तीन अंक लिखे हों या पाँच पर मैं चरित्रों और नाट्यरचना के विकास की प्रक्रिया पर ध्यान देता हूँ, कथ्य के विकास की प्रक्रिया पर भी ध्यान देता हूँ। इन सबको ध्यान में रखकर मैं अपना प्रदर्शन-पाठ लिखता हूँ। आमतौर पर मैं नाटक को काटता-छाँटता नहीं हूँ यानि मैं नाटक का जो भी हिस्सा लेता हूँ, उसे सम्पादित नहीं करता क्योंकि मैं यह महसूस करता हूँ कि इन महान् नाट्यकारों के लिखे शब्द महत्त्वपूर्ण हैं। उन्होंने जो शब्द चुनकर नाटक की बनावट और कथ्य के विकास में लगाये हैं, उन्हें मुझे रखना ही चाहिए। सिर्फ़ यह ध्यान रखता हूँ कि प्रदर्शन का विकास ठीक से हो रहा हो क्योंकि मेरा लिखा हुआ प्रदर्शन-पाठ उसी काम में आना चाहिए। हो सकता है कि नाटककार ने पाँच अंक लिखे हों पर मैं ज़रूरी नहीं कि पहले अंक से शुरू करूँ। हो सकता है मैं तीसरे अंक से शुरू करूँ और अगर तीसरा अंक पहले अंक की बात को रख सके तो फिर पहला अंक करने की आवश्यकता नहीं रह जाती, तब मैं तीसरे के बाद दूसरा अंक करूँगा, उसके बाद हो सकता है चौथा करूँ या पाँचवा। मैं नहीं सोचता कि प्रदर्शन में नाट्यकार की सुझायी संरचना को अनिवार्यतः दोहराया जाना चाहिए।

> यह शायद इसलिए हो क्योंकि आप अपने नाटकों को सांगीतिक रचना की तरह परिकल्पित करते हैं। संगीत में कोई विशेष क्रम से गाया-बजाया जाना आवश्यक नहीं, मान लीजिए आप मालकौंस गा रहे हैं तो ज़रूरी नहीं कि आप हर बार एक ही स्वर में शुरू करें। नाटक करते हुए आप उसके साथ जाने वाले संगीत की परिकल्पना कब करते हैं? क्या आप नाटक की दृश्यावली, उसके

संवाद और संगीत सभी को एक साथ परिकल्पित करते हैं?

...प्रकाश की भी। मैं यही करने का प्रयत्न करता हूँ। मेरे कान में संगीत बजना शुरू होता है। मैं यह सोचता हूँ कि मैं उसे सुनकर क्या अनुभव कर रहा हूँ। जब कोई चरित्र चलकर आता है तब मैं उसके साथ बिना किसी वाद्य का संगीत सुनता हूँ और उसी के अनुसार संगीत रचना करता हूँ।

क्या आपने रिहर्सल के दौरान जो संगीत तैयार किया है, वह आगे जाकर बदल सकता है?

हाँ, ऐसा होता है।

आप शेक्सपीयर का 'मेक्बेथ' भी कर रहे हैं। आप इसमें वर्णित शक्ति की केन्द्रीयता को किस तरह देखते हैं?

यह बहुत समकालीन नाटक है। 'मेक्बेथ' एक बीमारी का नाम है, यह भ्रष्ट दिमाग़ की बीमारी है और यह बीमारी बहुत तेज़ी से बढ़ती है। शक्ति और धन के कारण परम्परा और संस्कृति से प्राप्त मूल्यों पर से विश्वास खण्डित हो रहा है। यही वह जगह है जहाँ से मेक्बेथ के दिमाग़ में एक और चरित्र का प्रवेश होता है: लेडी मेक्बेथ का प्रवेश मेक्बेथ के दिमाग़ में होता है। वह उसे यह सोचने पर विवश करती है कि वह क्या करे? और वह धोखा देकर पैसा और शक्ति पा लेता है। पर वह वही करता है जो वह करना चाहता था। उसके बाद से वह स्थिरचित्त नहीं रह पाता। हमारे दिमाग़ों में यह बात घुस गयी है कि किसी भी सूरत में शक्ति और धन अनिवार्य है। इसलिए समाज में अनेक मेक्बेथ उत्पन्न हो रहे हैं। इसे रोकने का कोई उपाय नहीं दीख पड़ता। हमारे समय में विश्वास की या भरोसे की कहानियों का कोई स्थान नहीं बच पाया है।

ये सारे तत्त्व हैं, जो मुझे मेक्बेथ की ओर ले गये। जिन बीमारियों का अभी हमने ज़िक्र किया है, वह कमज़ोर व्यक्तियों में आसानी से पहुँच जाती हैं और मेक्बेथ का व्यक्तित्व कमज़ोर है। लेडी मेक्बेथ शक्तिशाली है।

'नाइन हिल्स वन वेली' नाटक का एक दृश्य

दरअसल, हत्या का सारा षड्यन्त्र लेडी मेक्बेथ का बुना हुआ है, मेक्बेथ का नहीं। संसार में अपने कर्म का फल कोई नहीं जानता। उदाहरण के लिए आतंकवाद। तालिबान यह नहीं जानते होंगे कि उनके कृत्यों का क्या फल होने वाला है। समाज में भ्रष्ट आचरण के बीज बोने का कार्य चलता रहता है। यहीं आकर व्यवस्था को बदलने की आवश्यकता होती है। यह व्यवस्था कला और संस्कृति के सहारे रूपान्तरित की जानी चाहिए। यह इसलिए क्योंकि कला और संस्कृति की जड़ें परम्परा और सभ्यता में होती हैं। राजनैतिक दार्शनिक भी व्यवस्था को बदलने की बात करते हैं। आप लाखों विषयों पर, लाखों भाषाओं में मनुष्य की भलाई के लिए लिखी गयी पुस्तकों के बाद भी मनुष्य जाति का अधोपतन रुक नहीं रहा। यह स्वीकार्य न होते हुए भी हम इसे व्यवस्था के एक लक्षण की तरह स्वीकार कर लेते हैं। यहीं आकर ये सारी किताबें विफल हो जाती हैं। मैं इस नाटक की बहुत बड़ी प्रस्तुति नहीं बनाना चाहता। मुझे इसके सिर्फ़ उन हिस्सों में रुचि है जो यह कहते हैं कि यह सारी व्यवस्था भ्रष्ट हो चुकी है और उसका परिणाम सामने है। हम यह करके अपने सामने यह प्रश्न रख रहे हैं कि ऐसी स्थिति में हमें क्या करना चाहिए।

लेकिन मनुष्य का पतन इतना अधिक हो चुका है कि लेडी मेक्बेथ को अपने हाथों पर लगा ख़ून भी महसूस नहीं होता है। आज की लेडी मेक्बेथ हत्या भी करती है और ग्लानि भी महसूस नहीं करती ?

इस पतन को समझना आवश्यक है। मैं कोई बुद्धिजीवी नहीं, न ही दार्शनिक हूँ पर मैं छोटी-छोटी चीज़ों के विषय में सोचता रहता हूँ। मेरी तो सिर्फ़ एक मनुष्य की आवाज़ है।

आपकी सृजनशीलता की शुरुआत, आप बता रहे थे, कविता से हुई थी...

कविता और चित्रकला से। पर चित्रकला सीखना बहुत महँगा है। आपको उसके लिए तमाम तरह की चीज़ें चाहिए होती हैं और चूँकि मैं जो भी करता हूँ, पूरे परिष्कार के साथ करना चाहता हूँ, इसलिए मैं चित्रकला नहीं कर सका। मैं कला विद्यालय में गया ज़रूर हूँ। मैंने लिखना भी आठवें दशक में बन्द कर दिया था। बाद के वर्षों में मैं केवल नाटक लिखता रहा हूँ। मैं साहित्य के परिदृश्य से अलग हो गया, जबकि कुछ वर्षों तक मैं अत्यन्त सक्रिय लेखक था।

जब आपने लिखना शुरू किया तब क्या आप किसी लेखक समूह के सदस्य थे ?

हाँ। उन दिनों 'लासानी' नामक पत्रिका प्रकाशित होती थी।

यह तो अरबी शब्द है। क्या यह शब्द मणिपुरी भाषा में भी है ?

नहीं, हमारे एक मित्र सोनी बांग्लादेश के थे। वे बांग्लादेशी मणिपुरी थे। उन्होंने यह सुझाया था। हम बहुत समय तक साथ रहे। मेरे और भी मित्र थे- आर. के. विदुर, प्रफुल्ल आदि। हम सबने मिलकर यह पत्रिका शुरू की थी। यह मणिपुर की विश्वसनीय पाक्षिक पत्रिका थी। यह लोगों के बीच में सम्मान से पढ़ी जाती थी। लेकिन धीरे-धीरे ये सारे लोग बिखर गये। मुझे 'ऋतु' में सहयोगी सम्पादक का कार्य करने आमन्त्रित किया

गया। 'ऋतु' साठ के दशक की सबसे शक्तिशाली साहित्यिक पत्रिका थी। यह पत्रिका मणिपुर के कल्चरल फोरम द्वारा प्रकाशित की जाती थी। मणिपुर के कल्चरल फोरम में बहुत तरह के बौद्धिक एकत्र हुआ करते थे, हर दिन वहाँ बैठकर संस्कृति एवं अन्य विषयों पर बातचीत किया करते थे। यह वह समय था जब मणिपुरी सांस्कृतिक परिदृश्य आत्म-सजग हो रहा था। उस फोरम में बड़ौदा से लौटे प्रोफ़ेसर तोम्बी जैसे चित्रकार और उन्हीं जैसे नामी-गिरामी कवि, उपन्यासकार, कथाकार, फ़िल्मकार, नाटककार आते थे और मैं वहीं सहयोगी सम्पादक का काम करता था। तब मैं तमाम विचारों से घिरा हुआ बड़ा हो रहा था क्योंकि मेरे चारों तरफ़ बुद्धिजीवी हुआ करते थे। वे मणिपुर में रहते हुए भी पूरे संसार की बातें किया करते थे। वे रेनेसाँ की बातें किया करते थे, दुनिया भर के चित्रकारों की, साहित्य की, आदि।

मेरे पिता कोलकाता में काम करते थे। उन्हें उदयशंकर ने अपने समूह के सदस्यों को मणिपुरी नृत्य सिखाने कोलकाता आमन्त्रित किया था। उनका वहाँ एक स्कूल भी था। मेरे पिता नवदीप में रहते थे जो कोलकाता के बेहद क़रीब है। नवदीप तीर्थस्थल है। मैं भी अपने पिता की तरह ही थोड़े समय कोलकाता में बाक़ी सारा समय नवदीप में रहता था। अचानक मैंने अपने को संसार से काट लिया। मैंने अपने पिता से कहा मुझे नवदीप में एक स्वतन्त्र कमरा चाहिये। उन्होंने मेरे लिए किराये का कमरा ले दिया। मैंने उनसे कहा कि मैं यहाँ कुछ भी नहीं करूँगा, आप सिर्फ़ मुझे किताबें दे दीजिये। कोलकाता एक ऐसी जगह है जहाँ सेकॅण्ड हैंड किताबें इफ़रात से मिलती हैं। मेरे पिता मेरे लिए किताबें ला देते थे। मैं अपने कमरे से कम ही बाहर आता था। पहले तीन महीनों तक, फिर छह महीनों तक मैं पढ़ता रहा, लिखता रहा।

तब आपकी क्या उम्र थी?

मैं इम्फ़ाल के जॉन्सटन हाईस्कूल में मैट्रिक तक पढ़ा। मैं जब सत्रह बरस का था मेरा पहला कहानी संग्रह 'लोन्ना हाइगे तुमिन्ना' (१९६५) प्रकाशित हुआ। मैं विद्या सागर कॉलेज में पढ़ा लेकिन मैं आगे के अध्ययन के लिए विश्वविद्यालय नहीं जाना चाहता था। मैंने अपने पिता से कहा कि

मैं अपना अध्ययन ढेरों विषयों पर लिखी हज़ारों पुस्तकों के सहारे पूरा करूँगा

आपके पिता को इस पर कोई आपत्ति नहीं थी?

नहीं। वे अलग क़िस्म के व्यक्ति थे। उन्होंने स्वयं अध्ययन किया था। वे बाम्बे टॉकीज़ में देविका रानी के साथ नृत्य निर्देशन का काम करते थे।

'नाइन हिल्स वन वेली' नाटक का एक दृश्य

उन्होंने लाहौर में, विभाजन से पहले 'तरुण कुमार डांस स्कूल' नाम से नृत्य सिखाने का स्कूल भी खोला था। मैं ज्ञान प्राप्त करना चाहता था और विश्वविद्यालय जाकर मुझे अलावा पाठ्यपुस्तकों के कुछ भी नहीं मिलना था। वहाँ कोई भी बौद्धिक निवेश नहीं हो सकता था। इसलिए मैंने अपने आप पढ़ने की ठानी थी। फिर एक उपन्यास लिखकर मैं मणिपुर लौट आया।

लेकिन इन सबके बीच आप रंगकर्म में किस तरह पहुँचे?

मैं तो लगभग पोशाकों के बक्से और ग्रीनरूम में ही पैदा हुआ और पला-बढ़ा हूँ क्योंकि मेरे माता-पिता नर्तक थे और उन्हें सारा समय अपने प्रदर्शन के लिए घूमना पड़ता था, मेरा नृत्य, संगीत और अन्य प्रदर्शनकारी कला परम्पराओं से गहरा परिचय बचपन में ही हो गया था पर मैं प्रदर्शनकारी कलाकार नहीं बनना चाहता था। कल्चरल फोरम में रहते हुए मेरे साथ दो बातें हुईं : पहली यह कि चूँकि मैं लेखक था इसलिए मेरे रंगकर्मी दोस्त मुझसे उपन्यासों का नाट्य-रूपान्तरण करवाते थे। मैं वह किया करता था। मैं उनसे कहता था कि मैं नाटककार नहीं हूँ और मैं यह नहीं कर पाऊँगा, पर फिर भी वे वह काम मुझसे कराते थे। उनका एक नाट्य समूह था। वहाँ एक प्रसिद्ध रंगनिर्देशक भी आते थे। उन्होंने भी ऐसा ही एक नाट्य-रूपान्तरण मुझसे कराया। वे यह नाटक कर रहे थे। उस दौरान मेरे कुछ मित्रों ने आकर मुझसे कहा कि वह रंगनिर्देशक मुझे बुला रहे हैं। मैं उनसे मिलने गया। वे बहुत वरिष्ठ रंगनिर्देशक थे। उन्होंने मुझसे कहा, 'तुमने यह सचमुच बहुत ख़ूबसूरत लिखा है। कुछ थोड़ी-बहुत चीज़ें बदलना होंगी।' मैंने कहा, 'आप बदल लीजिये।' वे बोले, 'नहीं। तुमने इतना अच्छा लिखा है, मैं तुम्हें बता दूँगा कि क्या करना है पर लिखना तुम ही।' उन्होंने मुझे कुछ बातें बतायीं। वे चाहते थे कि मैं रिहर्सल के दौरान वहाँ उपस्थित रहूँ। मुझे पूरा नाटक याद था क्योंकि उसे मैंने ही लिखा था। नाटक के पहले प्रदर्शन के पाँच-छह दिन पहले दो अभिनेताओं के बीच झगड़ा हो गया। उनमें से एक नाटक छोड़कर चला गया। तब तक उन्होंने मुझे सहायक निर्देशक बना लिया था। उनकी अनुपस्थिति में मैं ही रिर्हसल कराया करता था। मैं अभिनेताओं से कुछ-कुछ करने को कहता भी था, बिना यह जाने कि मैं क्या कर रहा हूँ। जब वह अभिनेता भाग गया, निर्देशक ने मुझसे नाटक में काम करने का आग्रह किया। मुझे आश्चर्य हुआ पर मुझे यह करना पड़ा। इस तरह मैं पहली बार रंगमंच पर गया। नाटक के प्रदर्शन के बाद सभी ने मेरे अभिनय की प्रशंसा की। उन रंगनिर्देशक ने मुझसे कहा कि अब से तुम रंगकर्म करने लगो। उसके बाद से इम्फ़ाल के कई रंग-समूहों ने मुझे अभिनय के लिए बुलाया। कई बार वे मुझे नाटक करने में सहायता के लिए भी बुलाते थे।

उन्हीं दिनों इम्फ़ाल में एक अलग क़िस्म का नाट्य समारोह आयोजित हुआ। मुझे अपनी पत्रिका के सहयोगी सम्पादक के हैसियत से नाटकों की समीक्षा लिखने को कहा गया। मैंने उस दौरान यूरोप के अनेक नाटक पढ़े और साथ ही इन नाट्य प्रदर्शनों की समीक्षा भी की। लोगों ने मेरी समीक्षाओं की भी बहुत प्रशंसा की। उन्होंने सलाह दी कि मुझे दिल्ली के राष्ट्रीय नाट्य विद्यालय में पढ़ने जाना चाहिए। उन दिनों मैं अनेक रंग-समूहों के साथ काम कर रहा था। इस तरह मैं राष्ट्रीय नाट्य विद्यालय में गया। मैं वहाँ अपने उपन्यास के प्रकाशन के लिए मिले अनुदान के पैसे से गया था। उन दिनों शिक्षा विभाग किताबों के प्रकाशन के लिए कुछ अनुदान दिया करता था। मैंने एक उपन्यास में लिखा था, 'श्रीमती इचेबेमा।' मुझे उसके प्रकाशन के लिए ढाई हज़ार रुपयों का अनुदान मिला था। मेरे पास उन दिनों पैसे नहीं होते थे। मैं अनुदान के पैसे लेकर नाट्य विद्यालय में प्रवेश के लिए साक्षात्कार देने दिल्ली चला गया। वहाँ जाने के पहले से ही इलियट, इज़रा पाउण्ड, रोबर्ट फ्रोस्ट आदि के विषय में बातें किया करता था। साथ ही मैं इम्प्रेशनिस्ट, एक्स्प्रेशनिस्ट आदि चित्रकारों के विषय में भी जानता था। इसीलिए अल्काज़ी मेरे साक्षात्कार से ख़ुश हुए और उन्होंने मुझे चुन लिया।

मैं लिख भले नहीं रहा था पर निरन्तर पढ़ रहा था। मणिपुर में मिर्ज़ा ग़ालिब या मीर को पढ़ना मुझे और मेरे मित्रों के लिए मुश्किल था। सोनी बांग्लादेश के थे, आर.के. विदूर और हम शेरो-शायरी के विषय में बातें अवश्य करते थे पर उन्हें वहाँ पढ़ना मुश्किल था। दिल्ली जाने पर मुझे इन कवियों को पढ़ने का अवसर मिला। वहीं मैंने अज्ञेय और मुक्तिबोध जैसे कवियों को पढ़ा।

> राष्ट्रीय नाट्य विद्यालय में आपका समय किस तरह बीतता था? आप वहाँ देर तक पढ़ने के अलावा और किस तरह समय बिताते थे?

राष्ट्रीय नाट्य विद्यालय में बिताये एक-एक क्षण का मैंने आनन्द लिया। वहाँ मैंने वह सब किया जो मैं करना चाहता था। मैंने वहाँ बहुत कुछ सीखा। यह सच है कि वहाँ समय बहुत कम रहता था। राष्ट्रीय नाट्य

'राजा' नाटक का एक दृश्य

विद्यालय, संगीत नाटक अकादेमी और साहित्य अकादेमी के पुस्तकालय मेरे साथी थे। अगर आप अभिनेता हैं तो आप देर रात रिहर्सल के बाद खुले रंगमंच पर जाकर अभ्यास कर सकते थे। वहाँ आप अपने को आनन्दपूर्वक बनता हुआ पाते थे। वहाँ मैंने रतन थियाम को बनते हुए पाया था। कई भाषाएँ थीं वहाँ, कई भाषा-भाषी मित्र थे, कई तरह के अभिनेता थे।

क्या आप वहाँ निर्देशन सीख रहे थे?

मैं निर्देशन सीखने नहीं गया था। मैं अभिनय सीखने जाना चाहता था। मैं यह विशेष तौर पर भाषाओं के उच्चारण सीखने के लिए करना चाहता था। मैं ठीक से हिन्दी और उर्दू का उच्चारण सीखना चाहता था। वहाँ अधिकतर प्रदर्शन इन्हीं भाषाओं में हुआ करते थे। मैं हिन्दी-उर्दू सीखकर ही अभिनय कर सकता था। मैं अँग्रेज़ी का उच्चारण भी सीख रहा था।

अल्काज़ी साहब जब नाटक कर रहे होते थे, मैं उनके साथ बैठ जाता था क्योंकि मैं अभिनेता था और अभिनेता सारा समय निर्देशक के साथ रह सकता है। अगर आप निर्देशन के छात्र होते, आपको मंच सामग्री लेने, हो सकता है, जामा मस्जिद के पास भेज दिया जाता। मैंने अपने गुरुओं से रंगकर्म की सभी आवश्यक तकनीकी सीखी। मैं मंच-सज्जा का काम भी करता था, प्रकाश-व्यवस्था का भी और भी तमाम तरह के काम। आमतौर पर अभिनेता ये सब नहीं करते पर मैं किया करता था। मुझे पता था कि मुझे आगे जाकर निर्देशन करना है।

उन दिनों राष्ट्रीय नाट्य विद्यालय में गोवर्धन पांचाल भी रहे होंगे?

हाँ, वे थे। हम बहुत-से प्रश्नों पर बातें किया करते थे। दासगुप्ता दादा भी वहाँ थे। उनके पास तमाम तरह की किताबें हुआ करती थीं। जब उन्होंने प्रकाश-परिकल्पना पर अपनी किताब लिखी, उसमें मेरा ज़िक्र भी किया। ये सारे महान् शिक्षक मुझसे बहुत प्रेम करते थे। मैं हमेशा जिज्ञासु रहता था और इन लोगों से प्रश्न पूछता रहता था। मैं संस्कृत नाट्य परम्परा को जानना चाहता था, रंग-स्थापत्य को जानना चाहता था। कक्षा ख़त्म होने के बाद भी इन गुरुओं से प्रश्न पूछता रहता था। जब मैं नाट्य विद्यालय से निकलकर अपने नाटक करने लगा, ये सारी चीज़ें मेरे बहुत काम आयीं। उज्जैन में रंग-स्थापत्य को लेकर गोष्ठी हुई, मैं उसमें था क्योंकि मैं उन रंगनिर्देशकों में था जो संस्कृत नाटक करते थे। रंग-स्थापत्य पर विचार करना दिलचस्प था, विशेषकर मत्तवारिणी पर जिसकी नाट्यशास्त्र में बहुत स्पष्ट व्याख्या नहीं है। मैंने मत्तवारिणी के साथ अनेक प्रयोग किये। एक बार मैंने एक नाटक मत्तवारिणी के साथ किया और फिर वही नाटक बिना उसके। मैंने यह 'उरुभंगम' के साथ किया था।

आपके मत्तवारिणी को लेकर क्या विचार है?

मत्तवारिणी का अलग-अलग नाटकों में अलग-अलग उपयोग हो सकता है। कई नाटकों में मत्तवारिणी का होना सटीक होता है, कई में नहीं। तब आप यह नहीं कर सकते कि मत्तवारिणी बनाकर नाटक को उसमें अनुकूलित करने की कोशिश करें। तब आप मत्तवारिणी का आरोपण कर रहे होंगे।

क्या मणिपुर में किसी तरह का पारम्परिक रंगकर्म होता रहा है? दूसरे शब्दों में, जब हम पारम्परिक मणिपुरी नाट्य की बात करते हैं, आपके दिमाग़ में क्या आता है?

मणिपुरी रंगकर्म आनुष्ठानिक रंगकर्म से शुरू होता है जिसे लाई हरोबा कहते हैं। मैं उसे यहाँ थिएटर गुरुकुल में पढ़ाता हूँ। हम यहाँ एक दिवसीय लाई हरोबा कराते हैं। इसमें अनुष्ठान होते हैं, समाज का विकास दर्शाया जाता है, इसमें नृत्य होते हैं, संगीत होता है और नाट्य होता है। इस तरह इसमें ये सभी तत्त्व होते हैं। लाई हरोबा सच्ची आनुष्ठानिकता से शुरू होकर अन्ततः एक नाट्य में समाप्त होता है। लाई हरोबा एक प्रक्रिया है, उसमें कृषि के बारे में, मानवीय समाजों के बारे में और आध्यात्मिक आदि अनेक प्रश्नों के बारे में बात होती है। लेकिन एक रंगनिर्देशक की तरह मैं यह सोचता हूँ कि लाई हरोबा का सबसे बड़ा गुण यह है कि उसमें पूरे प्रदर्शन के दौरान ऊर्जा का स्तर बना रहता है। उसमें ऊर्जा का संचार बराबर बना रहता है। किसी भी नाटक में, अगर वह दो घण्टे का हो, एक अभिनेता को अधिक से अधिक पन्द्रह मिनट बोलने की आवश्यकता होती है, या ज़्यादा से ज़्यादा आधा घण्टे। लेकिन लाई हरोबा में हर अभिनेता को सात आठ घण्टों तक अपना प्रदर्शन करते रहना होता है, कई बार दस घण्टों तक। इस पूरी अवधि में उन्हें निरन्तर क्रियाशील बने रहना पड़ता है और इन अभिनेताओं की ऊर्जा का स्तर बना रहता है और विकसित होता रहता है। इस प्रदर्शन में आप अपनी अस्मिता को जानने की ओर बढ़ते हैं, अपने अनुष्ठानों को, अपनी परम्परा को, अपनी संस्कृति को। हम अपने गुरुकुल में दो-तीन महीनों तक यह सिखाते हैं।

तत्त्वतः लाई हरोबा क्या है?

यह देवी-देवताओं का उत्सव है। यह ग्रीष्म ऋतु के आने के समय में अधिकतर किया जाता है। यह एक महीने तक भी चल सकता है। इसमें प्राचीन मणिपुरी भाषा का भी उपयोग होता है। यह सीखते समय हमारे अधिकतर विद्यार्थी चरित्रों के वशीभूत हो जाते हैं। मैं उन्हें ऐसा करने से रोकता हूँ क्योंकि किसी भी रंगप्रदर्शन में आप वशीकरण के सहारे अभिनय नहीं करते। मैं लाई हरोबा सिखाने के लिए महिला पुरोहित, माईबी को

यहाँ लाता हूँ, मैं गुरुओं को आमन्त्रित करता हूँ। इस तरह इन विद्यार्थी को सिर्फ़ मैं नहीं पढ़ाता। इसमें उच्चारण की पद्धति बहुत महत्त्वपूर्ण है, वह कुछ श्लोक या मन्त्र पाठ की तरह होती है।

क्या लाई हरोबा मेतै परम्परा का है?

यह बहुत पहले से चला आ रहा है और मेतै परम्परा का है।

क्या मणिपुर में वैष्णव परम्परा आने के बाद लाई हरोबा के स्वरूप में कोई विशेष परिवर्तन आया है?

नहीं। वह जैसा था वैसा ही चलता रहा है।

क्या इसमें अनेक देवी-देवताओं को पुकारा जाता है या जागृत किया जाता है?

इसमें अलग-अलग जगहों पर अलग-अलग देवी-देवताओं को आहूत किया जाता है। हमारे यहाँ अलग-अलग जगहों पर अलग-अलग देवी-देवता हुआ करते हैं, जैसे अलग-अलग तीर्थों में होते हैं।

मणिपुरी संस्कृति के बने रहने की क्या सम्भावना आप देखते हैं? मैं यह इसलिए पूछ रहा हूँ क्योंकि मुझे बताया गया है कि यहाँ की संस्कृति के कई पक्षों पर मसलन वेशभूषा पर कोरिया का प्रभाव बढ़ रहा है, यहाँ कोरिया के बहुत सारे टेलीविज़न सीरियल देखे जाते हैं और दूसरी ओर यहाँ के सार्वजनिक जीवन में अलगाव की भावना बढ़ रही है। मुझे इम्फ़ाल में घूमते हुए यह निरन्तर महसूस होता रहा कि यह ऊपर से भले ही शान्त लग रहा हो पर ऐसा है नहीं। सतह के नीचे कुछ आन्दोलित-सा अनुभव होता है। ऐसा कुछ भारत के कम ही अंचलों में महसूस होता है।

इसके कारण हैं। विगत पचहत्तर वर्षों से यह प्रदेश अलग-थलग पड़ गया है। हमारे लिए भी तथाकथित मुख्यधारा में पहुँच पाना मुश्किल होता है। यह बात अलग है कि मैं नहीं जानता कि मुख्यधारा किसे कहना चाहिए।

साथ ही यहाँ विकास की गति बहुत धीमी है। यहाँ की अर्थव्यवस्था भी दिन-ब-दिन कमज़ोर हो रही है। इससे भी समस्याएँ उत्पन्न हो रही हैं। केवल हमारे पूर्वजों से मिली संस्कृति और परम्परा किसी हद तक अक्षुण्ण बची हुई है। यह हमारी जीवन शैली के कारण हुआ है। हमारी जीवन शैली में यह संस्कृति और परम्परा संरक्षित बनी हुई है। आधुनिक समय में भी इन दोनों को अलगाना कठिन है। यह किसी हद तक चलता आ रहा है। इन दिनों 'आर्थिक', 'राजनैतिक' समस्याएँ आदि उठ खड़ी हुई हैं। इसीलिए अन्दर कहीं यह समझ में नहीं आ रहा कि क्या किया जाय?

मणिपुर राजा द्वारा शासित राज्य था। हमें यह गर्व है कि हम ऐसा राज्य रहे हैं। हम यह समझते रहे कि हम ऐतिहासिक और भौगोलिक रूप से बेहद सम्पन्न हैं। हम यह भी समझते रहे कि हम प्राकृतिक रूप से भी सम्पन्न हैं। इन सबके अस्तित्व के धीरे-धीरे खोने की पीड़ा यहाँ अवश्य है। इस पीड़ा को तभी कम किया जा सकता है जब या तो इसे चहुँओर

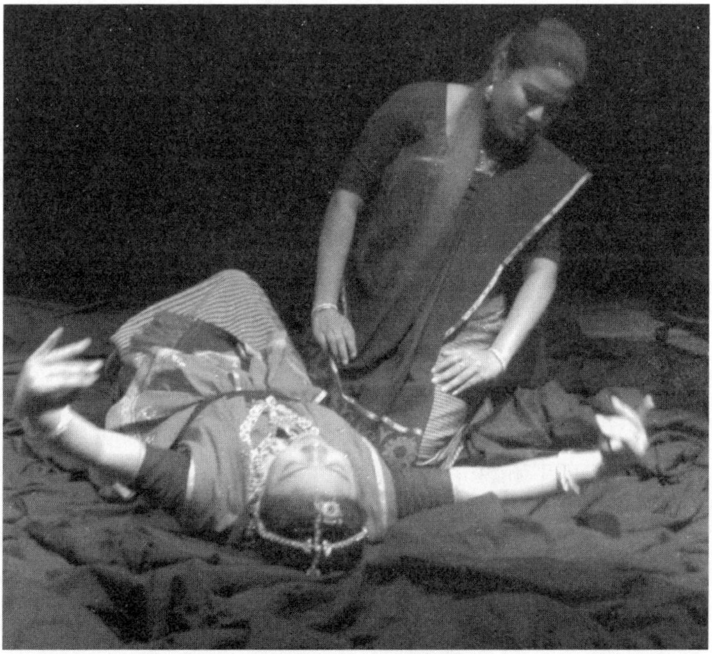

'राजा' नाटक का एक दृश्य

से विकसित किया जाये या यह कह दिया जाये कि यह सब करना हमारे वश के बाहर है। शिक्षा की दृष्टि से मणिपुरी लोग बहुत विकसित हैं। पर आप पढ़कर भी क्या करेंगे अगर आपको काम नहीं मिलता? यहाँ नौकरियों का ठिकाना नहीं है। यहाँ न कोई कॉर्पोरेट घराने हैं और न ऐसे उद्योग-धन्धे हैं जो यहाँ के लोगों को नौकरियाँ दे सकें। तब पढ़े-लिखे लोग कहाँ जाएँ? इसलिए भीतर ही भीतर असन्तोष बढ़ता रहता है। यह कुछ-कुछ ज्वालामुखी की तरह ही है। यह नहीं कहा जा रहा है कि बच्चों को सब कुछ मिल जाना चाहिये पर जो नयी पीढ़ी मणिपुर में आ रही है, उसके लिए कुछ भी नहीं है। आपको यह जानकर आश्चर्य होगा कि इम्फ़ाल में लगभग एक भी पार्क नहीं है। बस एक छोटी-सी जगह है जिसे पार्क नहीं कहा जा सकता, अधिक से अधिक उसे आँगन कह सकते हैं। यहाँ बच्चों के लिए एक भी पार्क नहीं है। जब हम एक ही देश में रहते हैं तब जितनी चीज़ें देश के अन्य भागों में होती हैं, यहाँ क्यों नहीं हैं? इस कारण यहाँ लोगों में दूसरे स्तर का नागरिक होने का भाव धीरे-धीरे बढ़ रहा है। आपने सात-आठ राज्यों को मिलाकर उन्हें उत्तर-पूर्वी राज्य कहकर छुट्टी पा ली यह जाने बग़ैर कि इन राज्यों की संस्कृतियाँ, इनके इतिहास आदि क्या हैं। इसीलिए यह नहीं कहा जा सकता कि सब ठीक चल रहा है। जब आपके पास साधन ही न हों, अपना पोषण करने के, आप क्या करेंगे? यहाँ धन की समस्या है, वेतन की समस्या है इसीलिए हमारे सारे अच्छे कम्प्यूटर वैज्ञानिक आदि यहाँ से बाहर काम करते हैं।

> मणिपुर में एक तरह का लोक कल्याणकारी राज्यतन्त्र रहा है और बाद में यहाँ लोकतन्त्र आया। क्या हम यह कह सकते हैं कि यह अन्तरण हो नहीं पाया? यह भी सच है कि भारत के दूसरे अंचलों में भी लोकतन्त्र की उतनी व्याप्ति नहीं है जितनी स्वतन्त्रता आन्दोलन के समय कल्पना की गयी थी।

बाहरी रूपान्तरण भले ही हो गया हो पर आन्तरिक रूपान्तरण को समझने की कोशिश करना चाहिये। यह लोगों के सोच में होता है और इसका सम्बन्ध इससे है कि आप अपने मानस को किस तरह विकसित कर रहे हैं। जब आदमी को खाने नहीं मिलता, उसे अपना जीवन चलाने के अलग-थलग रास्ते खोजने होते हैं। यहाँ आकर यह सवाल पैदा हुआ कि

वे रास्ते कौन-से हों। मणिपुर के जो भी युवा लोग मणिपुर के बाहर काम कर रहे हैं, वे यह जानते हैं कि मणिपुर में जाकर उन्हें कुछ नहीं मिलने वाला है। वे वापस नहीं लौटते। इस तरह इतने लोगों का बाहर चले जाना बड़ी समस्या है। जो लोग यहाँ बच गये हैं, वे ख़ुद नहीं जानते कि वे यहाँ रहकर क्या कर सकेंगे। जीवन शैली का स्तर बहुत नीचा हो गया है। मणिपुरी व्यक्ति के पास अपना छोटा या बड़ा मकान अवश्य रहता है, वही उसे जीने का मार्ग दिखाता है। अगर वे भाड़े के घरों में होते, वे जी नहीं पाते। उसके पास अपना पुश्तैनी छोटा या बड़ा मकान है, उसी में वह अपनी छोटी-मोटी कमाई के सहारे जीवन चलाता है। शासकीय नौकरी उसे मिलती नहीं। हम ख़ुद अपने अभिनेताओं को जो वेतन दे पाते हैं, उसमें हमें गहरी पीड़ा होती है। यहाँ यह सम्भावना भी नहीं कि ये अभिनेता या अभिनेत्री टेलीविज़न में काम करके पैसा कमा सके।

क्या मणिपुरी फ़िल्मों में भी पैसा नहीं है?

बिल्कुल नहीं। उन्हें देखने वाले है कहाँ? साल भर में एक निर्माता एकाध वीडियो फ़िल्म बनाता है। उनमें काम करके एकाध लाख रुपया मिलता होगा, उससे कैसे काम चलेगा? वे अपने तकनीकी विशेषज्ञों और कलाकारों को कैसे पैसा देंगे? लेकिन तब भी वे काम करते रहते हैं। मणिपुरी लोगों की यह ख़ास बात है कि वे काम करते चले जाते हैं। पर जब उन्हें काम करने का रास्ता ही न दिख रहा हो, वे क्या करें।

'अन्धा युग' की प्रस्तुति आपने भी की है और अब्राहम अल्काज़ी ने भी की। क्या आपको अल्काज़ी के 'अन्धा युग' के प्रदर्शन को देखने के बाद यह नहीं लगा था कि अब इससे ज़्यादा बेहतर इस नाटक का प्रदर्शन कैसे किया जायेगा? इससे आगे कैसे जाया जा सकेगा?

यह मुझे कभी नहीं लगा। मेरा 'अन्धा युग' अल्काज़ी साहब के 'अन्धा युग' से बिल्कुल अलग है। मैं यह करते समय युवा पीढ़ी की ओर अधिक एकाग्र था। मेरे 'अन्धा युग' में उत्तरा के गर्भ में परीक्षित का आना नयी पीढ़ी के आगमन की उद्‌घोषणा है और उसकी महत्ता है। साथ ही

मैं युद्ध के प्रभावों के प्रति सचेत था इसीलिए मैंने अपने प्रदर्शन में उत्तरा को दिखाया है। ऐसी बहुत-सी चीज़ें हम लोगों ने कीं। मसलन, युद्ध किस तरह आने वाली पीढ़ियों पर असर डालता है। परीक्षित जन्म लेता है पर वह बीमार है। मेरी दृष्टि में यह बहुत बड़ा आघात है इसीलिए मैंने इसे दिखाया कि ऐसी चीज़ें न्यूक्लियर शक्ति के कारण होती रहेंगी। जो रोग आज से पचास साल पहले नहीं थे, उनका पता चलता रहता है। उसे हम देख नहीं रहे। 'अन्धा युग' युग का अन्धापन है, अन्धों का युग है, हम अन्धे लोग हैं।

'अन्धा युग' करने का विचार आपके मन में कैसे आया?

उन दिनों बहुत-से युद्ध चल रहे थे और मैं वियतनाम युद्ध के बाद के युद्धों-मसलन पोट पोल के कम्बोडिया युद्ध आदि – की विभीषिकाओं के विषय में सोच रहा था। उसके बाद खाड़ी युद्ध के विषय में भी सोच रहा था। ये सारे युद्ध लगभग एक साथ हुए थे। ये लगभग एक के बाद एक हो रहे थे। अफ़गानिस्तान में युद्ध भी तभी हुआ। वहाँ अमरीकी और सोवियत सेनाओं के बीच शक्ति प्राप्त करने के लिए युद्ध हुआ था। मुझे यह देखकर लगा कि इनके सन्दर्भ में 'अन्धा युग' आधुनिक कालजयी कृति है। मुझे यह भी लगता है कि अगर कोई चाहे तो युद्ध की विभीषिका पर युयुत्सु का लम्बा एकालाप लिखकर एक श्रेष्ठ कृति की रचना कर सकता है। वह सबसे छोटा कौरव है।

क्योंकि वह युद्ध की ग़लत तरफ़ है। वह शामिल भी है और युद्ध की विभीषिका को भोग भी रहा है?

मैंने कभी किसी को 'असाध्य वीणा' पर बैले करने की भी सलाह दी थी। मुझे लगता है वह लिखते समय अज्ञेय जी के मन में कल्पवृक्ष का विचार रहा होगा।

कल मैं आपके कहने से ही 'कायना' गया था, जहाँ के कटहल के पेड़ से श्रीकृष्ण की अनेक मूर्तियाँ बनाने की कथा प्रचलित है। उस कथा पर भी बैले किया जा सकता है?

'अन्धा युग' नाटक का एक दृश्य

मैंने एक बार उस पर लिखने का प्रयत्न किया था पर वह हुआ नहीं। इतनी सारी चीज़ें करना चाहते हैं, पर उन्हें कैसे किया जाय? आज सुबह एक कविता लिखने का मन कर रहा था लेकिन फिर वह ख़त्म हो गया। मुझे जब भी कुछ सूझता है, मैं दो-चार शब्द लिख लेता हूँ। मैं यह कहीं भी लिख लेता हूँ।

आपका युवा जीवन किस तरह बीता है? उन दिनों आप अकेले रहा करते थे या लोगों के बीच?

मैं उन दिनों कई जीवन जिया करता था। कभी बिल्कुल अकेलेपन में, कभी मैंने बहुत-सा समय बाज़ार में, सिनेमा हॉल में बिताया है।

किस तरह?

'अन्धा युग' नाटक का एक दृश्य

मैं सुबह छः बजे घर से निकल जाता था। उन दिनों सिनेमाघर सुबह दस बजे शुरू होते थे। सिनेमाघर के आसपास जितने भी होटल या रेस्तराँ थे, वे जान-पहचान के थे। उनसे उधार नाश्ता ख़रीद कर खाते थे या उन्हें चवन्नी देकर नाश्ता ख़रीद लेते थे। वहाँ तरह-तरह के लोग आते थे : जेबकतरे, पुलिसवाले, ब्लैक में टिकिट बेचने वाले और दूसरी तरह की कालाबाज़ारी करने वाले। वहाँ हर तरह की नशे की पीने की चीज़ें होती थीं। इस बाज़ार में उन लोगों के बीच बातें हुआ करती थीं और फ़िल्में देखी जाती थीं। इन फ़िल्मों को देख-देखकर ही मैं हिन्दी बोलना सीख गया वरना उन दिनों इम्फ़ाल में कोई भी हिन्दी नहीं बोलता था। हम

लगभग रोज़ फ़िल्म देखते थे। मान लीजिये, कोई फ़िल्म एक दो महिने तक चली तो हम उसे सात-आठ बार देख लेते थे। कोई और काम-धन्धा तो था नहीं और टाकीज़ में बैठने के पैसे लगते नहीं थे क्योंकि सब हमें जानते थे। इन तमाम दोस्तों के साथ जो भले ही ब्लैक में टिकिट बेचते रहे हों, कालाबाज़ारी करते रहे हों, शाम होने के बाद हम भी बैठ जाते। किसी के पास एक रुपया होता, किसी के पास दो। उन दिनों दो रुपये भी बहुत होते थे। हम साथ बैठ जाते और पीते और गाते। इसी तरह मैंने बहुत से दिन बिताये हैं।

मैं उन दिनों बाज़ार का हर कोना जानता था। मैं एक ऐसा व्यक्ति था जो उधार में भी बीड़ी नहीं पीता था, दो सिगरेट लेता था। वह 'कैप्सटन' सिगरेट का ज़माना था। कैप्सटन सिगरेट की ख़ास बात यह थी कि आप एक बार धुँआ छोड़ो तो उसकी ख़ुशबू दूर तक जाती थी। मेरे पास पैसे नहीं होते थे पर फिर भी मैं अपने को यह तसल्ली देता रहता था कि मैं अभिजात हूँ। मेरे बहुत सारे दोस्त बीड़ी पीते थे। मैं कहता था कि एक बण्डल बीड़ी पियो, इससे बेहतर है कि एक सिगरेट पियो और उसका जायका अच्छी तरह लो। उन दिनों मुझे कई तरह के अनुभव हुए। कई तरह के लोगों से मिलना हुआ। कुछ लोग जेल जाया करते थे और फिर लौटकर अपना धन्धा शुरू करते थे। कुछ और तरह के लोग थे। वहाँ लड़ाई-झगड़े हुआ करते थे। गुण्डागर्दी भी हुआ करती थी। वह पूरा दृश्य ही इन सब चीज़ों से मिलकर बना था। उस दृश्य में घुसकर अपने अस्तित्व को समझने की कोशिश करना बड़े अनुभव की बात थी। चूँकि मैं एक जाने-माने परिवार का था इसलिए लोगों को मुझे उस रूप में स्वीकारने में मुश्किल होती थी। मेरे पिता के दोस्तों और शिष्यों ने मुझसे क़रीब दस बरसों तक बात नहीं की। वे सोचते थे, मैं बिगड़ गया हूँ। मैंने अपने इस समय के बारे में एक लम्बी कविता लिखी है, जो मेरे छपने वाले कविता संग्रह में होगी। मेरी इस किताब का नाम हिन्दी में यह हो सकता है, 'खोया शहर, खोयी कथा'। मैंने उसमें यह लिखा है कि उन दिनों मणिपुर कैसा हुआ करता था, इम्फ़ाल के बाज़ार में क्या हुआ करता था, वहाँ कौन-कौन से होटल कहाँ हुआ करते थे। कहाँ कौन-सी दुकानें थीं जहाँ से हम गुज़रते थे, बाज़ार में औरतें किस तरह बैठती थीं, वे क्या-क्या बेचती थीं, कैसे बोलती थीं। उस ज़माने में युवा लोग क्या पहनते थे,

लड़कियाँ क्या पहनती थीं और वे वह सब कहाँ से ख़रीदती थीं। सोने के जेवर बनवाने वे किन नामी सुनारों के पास जाती थीं। वहाँ कौन-सी फ़ोटोग्राफ़्स की दुकानें थीं जहाँ आकर आदिवासी लड़कियाँ हँसते हुए तस्वीरें खिंचवाती थीं। मैंने यह सब उस कविता में लिखा है।

क्या यह वो समय है, जब आप कविताएँ लिखा करते थे?

नहीं। मैं सिर्फ़ पढ़ता था। पढ़ने में तेज़ था। मेरे चाचा महान् डाक्टर थे। वे चाहते थे, मैं भी डाक्टर बनूँ। उनका बेटा नहीं था। मुझे याद है कि उन्हीं दिनों पहलवान नाम का एक आदमी आया था। उसका नाम ही पहलवान था। वह मुज़फ़्फ़रपुर से आया था। वह सिनेमा हॉल के आसपास दिखायी दिया। मैंने उनसे पूछा, 'आप कौन हैं, कहाँ से आये हैं, क्या करना चाहते हैं?' वह बोला, 'मैं पान की दुकान खोलना चाहता हूँ। मैं जगह ढूँढ़ रहा हूँ।' उन दिनों मेरी बाज़ार के बहुत लोगों से पहचान थी। मैं उससे बोला कि मैं उसकी मदद करूँगा। कुछ ही दिनों बाद उसने बाज़ार के कोने में एक छोटी-सी पान की दुकान खोल दी। वह बड़ी ख़ूबसूरत दुकान थी। बरसों बाद वह बहुत पैसे वाला हो गया था। पहलवान हमेशा मुझे बाज़ार में घूमते देखता था, मुझसे बातें करता था। वह मुझे बबुआ बोलता था। वह मुझे कहता था तुम ये सब छोड़ दो, ये तुम्हारा काम नहीं है। वह यह रोज़ मुझे कहता था। वह यह कहता कि तुम किस संगत में पड़ गये हो। मैं उससे कहता रहता था कि मैं अब सब छोड़ दूँगा। मैं उस बाज़ार में घूमता-फिरता ज़रूर था, वहाँ सारा दिन ज़रूर बिताता था पर मैं जेबकतरा नहीं था और न मैं ब्लैक में टिकिट बेचता था। मेरा वहाँ काम सिर्फ़ इतना था कि जब कोई पुलिसवाला इन लोगों को परेशान करता, मैं उससे कहता कि वह अपना हिस्सा लेकर चला जाये। मैं कोई चोर नहीं था, जो जेल भेजा जा सकता। पुलिस का एक इंस्पेक्टर मुझे बार-बार कहता था कि एक दिन तुम्हें पकडूँगा। पर ऐसा हुआ नहीं। मेरे अलावा वहाँ ज़्यादातर लोग उसी तरह के थे। वह परिवेश ही उस तरह का था। मैं वहाँ जाते-जाते ऊब भी गया था और साथ ही उस आपराधिक परिवेश में कुछ ऐसी घटनाएँ घटीं कि मैं वहाँ से हट गया। चूँकि मैं उन घटनाओं में शामिल हो गया था। एक दिन मेरे कुछ दोस्तों ने मुझसे कहा कि बाज़ार में भाड़े के

मकान में रह रहे एक लड़के ने उनकी घड़ी छीन ली है। मैंने पूछा, 'यह कैसे हो गया?' उन्होंने मुझसे कहा, 'उसने छीन ली।' मैं बोला, 'चलो, मैं अभी वापस दिलवाता हूँ।' वह लड़का अपने कमरे में बैठा था। मैंने उसे बाहर बुलाया और उससे घड़ी ले ली। वह लड़का मुझसे कहता रहा कि वह उसी की घड़ी है पर मैंने उसकी बातों पर ध्यान नहीं दिया।

आप सिर्फ़ अपने दोस्तों की बातों पर भरोसा कर रहे थे?

हाँ। हमारे घड़ी लेकर लौटने के अगले दिन वे दोस्त आपस में घड़ी के विषय में बातें कर रहे थे। वे कह रहे थे कि उन्होंने उसे चालीस रुपयों में बेच दिया। मैंने जब यह सुना, मैं यकीन नहीं कर पाया कि मेरे दोस्तों ने मुझसे झूठ बोला था। मैंने अपने दोस्त को दो घूँसे जमाये और कहा कि तुमने ये क्या कहा। फिर मैं उस व्यक्ति के पास गया, जिसे वह घड़ी बेची गयी थी। उसने घड़ी वापस करने से मना कर दिया। उससे मेरा झगड़ा हो गया। मैं चालीस रुपया लेकर उसके पास गया था। लेकिन फिर भी मैंने उससे घड़ी वापस ले ली और उससे लेकर उस लड़के के पास गया जिससे धोखे से मैंने घड़ी छीन ली थी। वह लड़का अपने घर में बैठा-बैठा रो रहा था। मुझे देखकर वह और अधिक उद्विग्न हो उठा और मुझसे यह कहने लगा कि मैंने उससे घड़ी छीनी है। मैंने उससे माफी माँगी और घड़ी वापस कर दी। इस तरह की तमाम घटनाएँ मेरे साथ घटीं जिन्होंने मुझे परेशान कर दिया, क्योंकि धीरे-धीरे मैं उस आपराधिक दुनिया का हिस्सा बनता जा रहा था। लेकिन वहाँ रहने के पीछे मेरी यह मंशा नहीं थी। इसी कारण मैं धीरे-धीरे उस संसार से दूर होता चला गया।

इसी के बाद आप नवदीप गये थे?

नहीं। नवदीप जाने से पहले मैं और कई जगहों में रहा। नवदीप बहुत बाद में गया। मैं गुवाहाटी में रहा। उस ज़माने में घर से भाग जाने का फ़ैशन हुआ करता था। मैं भी भाग गया। वहाँ मैं भारत वाशिंग पावडर का सेल्समेन था। उन दिनों डिटर्जेण्ट पावडरों की बिक्री शुरू हुई थी। कम्पनी की ओर से एक सहायक बाज़ार में प्याली में रखे डिटर्जेण्ट से रूमाल आदि धोकर दिखाता था और सेल्समेन पावडर की विशेषताएँ लोगों को

बताता था। इस काम के मुझे दिन भर में कभी दस रुपये, बीस रुपये मिलते थे। मैं असमिया, हिन्दी और अँग्रेज़ी में भारत वाशिंग पावडर के बारे में बोला करता था। मैंने यह काम दो महीनों तक किया। मैं गुवाहाटी में होटल में रहता था। होटल का मालिक मेरा गहरा दोस्त हो गया था। इसीलिए मैं बहुत कम पैसे में रह पाता था। वह अपने किसी काम से बाहर जाता तो उतनी देर के लिए मैं होटल सँभाल लेता था। दो महीने बाद जब घरवालों को मेरे बारे में पता चला, वे मुझे पकड़कर वापस ले आये। मुझे शौक़ हुआ कि मैं हवाई यात्रा करूँ। इम्फ़ाल से सिलचर तक का हवाई जहाज का भाड़ा चालीस रुपये होता था। मैं साइकिल गिरवी रखकर हवाई जहाज से सिलचर चला गया। मेरे बहुत दोस्त थे, वे रात-रात भर जुआ खेलते थे, वहीं चीज़ें गिरवी रखने वाला भी रहता था। मैंने अपनी साइकिल गिरवी रख दी। सिलचर में हमारे कुछ रिश्तेदार रहते थे। हमने उन्हें बता दिया कि हम उनके पास आकर कुछ दिनों ठहरेंगे। हम जहाज से वहाँ पहुँचे और कुछ दिनों वहाँ रुककर लौटे। पता नहीं ज़िन्दगी क्या-क्या रूप लेती है।

आप बहुत अधिक भटके हैं?

इसका फायदा यह हुआ कि मुझे सभी तरह के गाने आते हैं, ख़ासतौर पर हिन्दी फ़िल्मों के, फिर वे 'सम्राट चन्द्रगुप्त' के गाने ही क्यों न हो, मुझे वह सब उन दिनों बहुत अच्छा लगता था।

आपको फ़िल्म बनाने की कभी इच्छा नहीं हुई?

हुई है पर बहुत नहीं। मुझे बम्बईया फ़िल्म बनाने में कभी दिलचस्पी नहीं रही। बम्बई के फ़िल्म के बाज़ारीकरण से मुझे कोई बहुत लगाव नहीं रहा। मैं उसे अपनी अभिव्यक्ति का माध्यम बनाना नहीं चाहता था। क्योंकि असली प्रश्न तो यही है कि आप किस तरह स्वयं को व्यक्त करना चाहते हैं। मुझे नहीं लगा कि मुझे फ़िल्म बनानी चाहिये। कभी-कभी लगता है कि फ़िल्म बनाऊँ पर फ़िल्म बनाने में पैसा लगता है, वह कौन देगा? जिस ढंग की फ़िल्म मैं बनाना चाहता हूँ, उसे देखेगा कौन? यहाँ के कुछ लड़के फ़िल्मों में काम करते हैं, वे मुझे हमेशा कहते हैं कि आप

फ़िल्म मत बनाइएगा, क्योंकि आप जैसी फ़िल्म बनायेंगे, उसमें टेक्नीशियन और अभिनेता थक जायेंगे। मैं सोचता हूँ कि वे ठीक कह रहे हैं क्योंकि मैं जो भी करूँगा उसमें किसी तरह का परिष्कार तो होगा ही। मैंने राजा भाग्यचन्द्र पर डॉक्यूमेण्ट्री बनायी थी। उस दौरान मैं गंगा नदी में बह गया था। मैं नाव से गिर गया था। मेरे पास फ़िल्म बनाने के लिए वक़्त ही नहीं है।

और भी ग़म हैं ज़माने में मुहब्बत के सिवा,
राहतें और भी हैं वस्ल की राहत के सिवा।

क्या अब कोई संस्कृत का नाटक करने की आपकी इच्छा होती है ?

होती है। संस्कृत नाटक करने में अच्छी बात यह है कि आप उसे बिना व्यवस्थित दृष्टि के कर ही नहीं सकते। वसन्तसेना की भूमिका निभाने के लिए पहले ज़माने में अभिनेत्री को नाट्यशास्त्र का अध्ययन करना पड़ता था। उसको संस्कृत जानना आवश्यक था। उसे नृत्य और संगीत में निष्णात होना पड़ता था। ये सारी चीज़ें उसे व्यवस्थित रूप में जानना आवश्यक था वरना वह वसन्तसेना का अभिनय नहीं कर सकती थी। उसे बौद्धिक व्यक्ति होना आवश्यक था। मेरे पिता के एक दोस्त थे, होरेन घोष। वे १९४७ के दंगों में मारे गये। वे संस्कृति के क्षेत्र के सबसे प्रभावी व्यवस्थापक (इम्प्रसारियो) थे। वे ही उदयशंकर को सामने लाये थे। होरेन बोस को मारकर उनके शरीर के टुकड़े-टुकड़े कर उन्हें सूटकेस में भरकर हावड़ा पुल से फेंक दिया गया था। उस ज़माने में लोग कहते थे कि एक महिला थीं जिनके पाकिस्तान के किन्हीं बड़े फ़ौजी अफ़सरों के साथ ताल्लुकात थे। होरेन घोष भी उन्हीं के पास जाया करते थे क्योंकि वे इसी क़िस्म की महिला थी। वसन्तसेनाएँ इसी तरह की स्त्रियाँ हुआ करती थीं। वे सूचना इकट्ठा करने से लेकर बौद्धिक कार्य व्यापारों में राजनैतिक रूप से शामिल हुआ करती थीं। इस तरह के चरित्र को करने के लिए अभिनेत्री के पास परिष्कृत हाव-भाव, नृत्य और संगीत में निपुणता होना ही चाहिए और इसलिए अभिनेत्री का प्रशिक्षण आवश्यक हो जाता है। प्रशिक्षण देने-दिलाने में बहुत धन व्यय होता है। आप किसी एक अभिनेत्री को प्रशिक्षण

नहीं दे सकते, आपको कईयों को प्रशिक्षित करना होगा। इन सब कारणों से संस्कृत नाटक करना आसान नहीं है।

संस्कृत नाटक भारतीय रंगकर्म का मूल है। उसका बुरा हाल है। राष्ट्रीय संगीत नाटक अकादेमी और संस्कृति विभाग देश की धरोहर को बचाने की बातें अवश्य करते हैं पर इस मामले में कोई आगे नहीं बढ़ता। आपके पास कावालम् नारायण पणिक्कर जैसे कितने निर्देशक हैं? कमलेश दत्त त्रिपाठी जैसे विशेषज्ञ कितने हैं? जब संस्कृत नाटक करने वाले रहेंगे ही नहीं तब कैसे होगा? अगर संस्कृत नाटक की यही परम्परा फ्राँस या इंग्लैण्ड या अमेरिका में होती तो उन्होंने इसे कहाँ से कहाँ पहुँचा दिया होता। वे एक फिलहार्मोनिक बनाकर बैठ जाते हैं, या ऑपेरा बनाकर चैन से बैठे रहते हैं, हमारे पास तो परम्परा है, नाट्य परिपाटियाँ हैं और सिद्धान्त हैं पर यह सब होते हुए भी कुछ नहीं है और हम बड़ी-बड़ी बातें करते हैं। आपके पास राष्ट्रीय रंगमण्डल है? नहीं है। आपके पास नृत्य की राष्ट्रीय संस्था है? नहीं है। अगर कोई विदेश से भारत आकर यह सोचे कि वह राष्ट्रीय रंगमंच पर कोई नाटक देखे, वह कहाँ जायेगा? अगर आप बीस अभिनेताओं को प्रशिक्षण देते हैं तो उनको क्या यह नहीं समझाना होगा कि नाट्यशास्त्र में क्या कहा गया है। उन्हें प्रेक्षागृह के बारे में बताकर बात शुरू करना होगी। इसके बाद आपको नाट्यशास्त्र के बाक़ी सिद्धान्त और व्यवहार समझाना होंगे। आपको यह समझाना होगा कि त्र्यस्र, चतुरस्र और विकृष्ट प्रेक्षागृह किस तरह के होते हैं, उनके प्रमाण और माप क्या होते हैं, जर्जर किस तरह बनता है, उसमें कितने रंग होते हैं, पूर्वरंग कैसे किया जाता है, चारी-मण्डल क्या होते हैं। आपको यह सब समझाना होगा, अभिनेता इसे समझें या न समझें, वह इसे कर पाये या न कर पाये। मैं एक निर्देशक की तरह उससे कहूँगा कि तुम दायीं मत्तवारिणी में आकर खड़े हो जाओ, अगर वह आधुनिक अभिनेता है तो वह इतना तो समझ जायेगा कि दायीं ओर जाना है पर वह मत्तवारिणी को नहीं समझ पायेगा। इसीलिए उनको प्रशिक्षण देना आवश्यक है।

> अभिनेता और रंग-स्थापत्य का क्या सम्बन्ध होता है? अभिनेता और रंगाकाश के सम्बन्ध के विषय में अभिनेता को आप किस तरह निर्देशित करते हैं?

रंगाकाश में फ़र्श बहुत महत्त्वपूर्ण होता है। अभिनेता को फ़र्श की प्रकृति और उसके कोनों-आँतरों को समझना बहुत ज़रूरी है। अभिनेता को फ़र्श की बुनावट पता होना चाहिए, उसे यह मालूम होना चाहिए कि प्रेक्षागृह में कितने प्रेक्षक बैठे हैं। उसकी आवाज़ अन्तिम पंक्ति तक पहुँचना चाहिए। अभिनेता को चाहिए कि वह नाटक शुरू होने से पहले अपने किसी साथी को प्रेक्षागृह की अन्तिम पंक्ति में बैठाकर अपनी आवाज़ के पहुँचने का अन्दाज़ लगाये। कई प्रेक्षागृहों में ब्लैक होल्स होते हैं। कुछ ऐसे हिस्से वहाँ होते हैं जो मंच के निकट होते हैं फिर भी अभिनेता की आवाज़ उन तक नहीं पहुँचती। इन हिस्सों का भी अभिनेता को अनुमान होना चाहिए। बहुत-से प्रेक्षागृह ऐसे हैं जिनमें आवाज़ ऊपर की ओर चली जाती है। निर्देशक को चाहिए कि वह अभिनेताओं को इस सबके विषय में सजग करे।

> आपके नाटकों में स्पेस और अभिनेता दोनों की भूमिका महत्त्वपूर्ण होती है। अभिनेता की गतियों के कारण स्पेस एक रूप ग्रहण कर लेता है। आप अपने अभिनेता को इस तरह मंच पर गतिशील करते हैं कि जिस स्पेस में वह नहीं भी है, वह भी एक रूप ग्रहण करता जाता है। इस तरह आपके नाटक का प्रेक्षक अभिनेता और उसके द्वारा रूप ग्रहण किये हुए स्पेस दोनों का अनुभव करता है। क्या इस विषय में आप अपने अभिनेता को सचेत करते हैं?

मुझे अपने अभिनेता से यह कहना पड़ता है कि तुम्हारे चारों ओर का स्पेस गतिशील हो रहा है या वह ठहरा हुआ है या मैं यह कहता हूँ कि उसे इस गति से सक्रिय करो। यह एक तरह की व्यवस्था है। 'व्हेन वी डेड अवेकन' में रंगमंच पर नाव चलती है। नाव के अकेले चलने से बात नहीं बनती। जब तक नाव की गति और फूलों की गति समान नहीं होगी, रंगमंच पर नाव के चलने का अनुभव उत्पन्न नहीं होगा। स्पेस को गतिशील करना अजीब-सा काम होता है। यह सब एक निरन्तर प्रयोगशीलता है।

> मणिपुरी में पेना जैसी अन्य आख्यान परम्पराएँ कौन-कौन-सी हैं?

पेना के अलावा यहाँ 'लाईरिक थिबा हाईबा'। 'लाईरिक' का अर्थ है, 'पोथी', 'थिबा' का अर्थ है 'पाठ' और हाईबा का अर्थ है 'बोल देना, व्याख्या करना'। इसमें पोथी का राग के अनुसार पाठ किया जाता है। पोथी में बंगाली, संस्कृत, ब्रज और भी बहुत सारी भाषाओं के शब्द होते हैं। गायक इन्हें पढ़ता है और एक और व्यक्ति इनकी व्याख्या करता रहता है।

प्रदर्शन के दौरान दो लोग मंच पर बैठते हैं?

हाँ। 'ऋतुसंहार' में मैंने इसका एक स्थान पर प्रयोग किया है। 'लाईरिक थिबा हाईबा' की बहुत पुरानी परम्परा मणिपुर में रही है। एक और आख्यान रूप है, 'खोङ्गजोम परबा'। इसमें शौर्य गाथाएँ गायी जाती हैं। सन् १८९१ में अँग्रेज़ों के विरुद्ध मणिपुर में 'खोङ्गजोम' युद्ध हुए जिसमें टिकेन्द्रजीत आदि को फाँसी हुई। यह आख्यान परम्परा उससे प्रेरित है। उस युद्ध से खोङ्गजोम पर्व यानि अध्याय की परम्परा चली। इस आख्यान गाथा में सिर्फ़ खोङ्गजोम के युद्ध को ही नहीं गाया जाता, इसमें महाभारत को, रामायण को भी शामिल किया जाता है, विशेषकर खम्ब-थाईबी की कथा गायी जाती है। यह आख्यान परम्परा दिलचस्प है। इसमें ढोलक बजता है। इसमें गायक गाता है और वही ढोलक बजाता है। इसके अलावा एक और आख्यान पद्धति है, 'वारीलीबा'। 'वारी' का अर्थ है, 'कथा', 'लीबा' का अर्थ है, 'कहना'। यह भी बड़ा दिलचस्प कलारूप है। इसमें एक तकिया रखते हैं और उसी के साथ कहानी कहते हैं। इसका मैंने एक बार 'अन्धा युग' में उपयोग किया था, संजय के चरित्र के साथ। इसमें युद्ध की आवाज़ निकालने के साथ-साथ आख्याता कभी आवाज़ को ऊँचा करता है, कभी संयत। 'वरीलीबा' में भी महाभारत और रामायण की कथाएँ सुनायी जाती हैं।

एक बार आप मुझे बता रहे थे कि मणिपुर की किसी एक आख्यान पद्धति में फूलों का वर्णन किया जाता है?

यह 'पेना' में होता है। फूलों के वर्णन करने को 'पेना' में 'लइरोल' कहते हैं। 'लइ' यानी 'फूल' और 'रोल' यानी 'भाषा'। इसमें कथावाचक/

गायक एक ही फूल का बहुत देर तक वर्णन करता रहता है लेकिन वह उस फूल का नाम नहीं लेता। वह उसके रंगों का वर्णन करेगा, हवा में उसके ख़ास तरह से हिलने का, पहाड़ में वह कहाँ होता है, यह बतायेगा। वह इस क़िस्म का वर्णन देर तक करता रहता है। उदाहरण के लिए, वह कहेगा कि यह फूल हमारी सभ्यता का प्रतीक है, इसका रंग सफ़ेद है, यह इतना कोमल है जितनी दुनिया में कोई दूसरी चीज़ नहीं, यह फूल आदमी की इज़्ज़त बचाता है। वह यह सब बोलता रहेगा। बाद में श्रोताओं को पता चलेगा कि वह 'कपास' के फूल का वर्णन कर रहा था। वह एक के बाद दूसरा, दूसरे के बाद तीसरे फूल का वर्णन करता चलता है। यह वर्णन खासा आध्यात्मिक होता है जैसी मध्यकाल के यूरोप की मेटाफिज़िकल कविताएँ हैं।

पेना वाद्ययन्त्र का नाम है। क्या वह सारंगी की तरह होता है?

हाँ, पर वह सारंगी की तरह नहीं होता, उसे नारियल के कड़े भाग के इस्तेमाल से बनाया जाता है। इसकी आवाज़ वायलिन जैसी तो नहीं पर उसी के क़रीब होती है। इसको बजाने वाले गज में घोड़े के बाल लगाये जाते हैं और साथ ही उसमें छोटे-छोटे से घुँघरू भी बँधे रहते हैं। यह मैंने एकमात्र ऐसा वाद्ययन्त्र देखा है जिसमें गज को ऊपर से नीचे खींचा जाता है।

आप भास का 'उरुभंगम्' कर रहे हैं, आपकी दृष्टि में यह नाटक भास के अन्य नाटकों से किस तरह भिन्न है?

'उरुभंगम्' त्रासदी है। यह भास के अन्य नाटकों से अलग है। इसके सबसे निकट अगर उनका कोई नाटक है, वह 'कर्णभारम्' है। मैंने यह नाटक इसलिए उठाया था क्योंकि यह संस्कृत नाटकों की परिपाटी में अनूठा है, यह प्रहसन नहीं है। इसमें दुर्योधन जैसे चरित्र का दिलचस्प चित्रण है। इसमें दुर्योधन के चरित्र के दूसरे आयाम, उसके सद्गुणों का भी बखान है। इस नाटक में दुर्योधन के अपनी पत्नी, अपने बच्चे आदि से सम्बन्ध मानवीय हैं। मुझे यह बहुत पसन्द है क्योंकि ज़्यादातर समय ये चरित्र जीवन से बड़े दर्शाये जाते हैं, यहाँ ऐसा नहीं है। इस नाटक में

'उरुभंगम्' नाटक का एक दृश्य

एक चरित्र का दूसरे से निकट का सम्बन्ध है, ये पारिवारिक हैं। इस नाटक में प्लाट का विकास अन्य नाटकों से बिल्कुल अलग है। इसकी शुरुआत में ही इस नाटक और समूचे महाभारत का कथ्य थोड़ी-सी पंक्तियों में सामने आ जाता है। इस दृष्टि से भास अत्यन्त समृद्ध नाटककार हैं। आमतौर पर नाट्यकार बहुत-सी चीज़ें छुपाना चाहते हैं ताकि नाटक के विकास के साथ ही उसका प्लाट और उसकी संरचना स्थापित होती चले। भास इसकी चिन्ता नहीं करते। वे यह सब शुरू से ही रख देते हैं और मानो अपने से यह कहते हैं कि ये रहा इस नाटक का कथ्य, अब तुम इसका विस्तार करो।

भास और उनके 'उरुभंगम्' को करना मेरे लिए विशेष रहा है। मैंने उसे एक ओर अत्यन्त नाट्यधर्मी ढंग से किया और उसमें यथार्थवाद का स्पर्श भी ले आया। साथ ही उसमें अत्यन्त परिष्कृत नृत्य गतियों और संगीत का समावेश किया। यह मेरा पहला संस्कृत नाटक था। इसे करने के दौरान मैं बहुत उत्साहित रहा। भास के नाटकों में रंगनिर्देशक को अपनी नान्दी की रचना करनी होती है। नान्दी और पूर्वरंग को नाटक के कथ्य से जोड़ना एक बड़ी चुनौती थी। मैंने उसे स्वीकार किया और उस कारण हम शुरुआत में ही नाटक के कथ्य को स्थापित कर सके।

मुझे इस नाटक को करने में एक ऐसी शैली अपनानी पड़ी जो नाट्यशास्त्र के आनुष्ठानिक आयामों के अनुरूप भी हो और जो नाट्यशास्त्रीय नियमों को प्रश्नांकित भी करती हो, जैसा कि स्वयं भास कर रहे थे। इस नाटक का दूसरा आयाम चरित्रों के बीच का विपर्यास है। मसलन यह विपर्यास दुर्योधन और अश्वत्थामा के चरित्रों के बीच बहुत ही तीव्र हो जाता है। यहाँ दुर्योधन बहुत आध्यात्मिक हो जाता है और अश्वत्थामा अत्यन्त क्रुद्ध होता चला जाता है। इस नाटक में सत्य और छल की भी महत्त्वपूर्ण भूमिकाएँ हैं। इनका सम्बन्ध भी ग़लत रास्तों से शक्ति को पाने से है। इसी रास्ते राजनीति का प्रवेश होता है। कह सकते हैं कि नाटक का यह राजनैतिक आयाम है। सामाजिक दृष्टि से देखें तो इसमें पारिवारिक रिश्ते हैं। इस दृष्टि से अगर इस नाटक को देखें तो आप पायेंगे कि इसमें सामाजिक, राजनैतिक, आध्यात्मिक, धार्मिक आदि तमाम तत्त्व एक के बाद एक प्रकट होते हैं। हम कह सकते हैं कि यह नाटक लिखकर भास एक सम्पूर्ण नाटक लिखने का प्रयास कर रहे थे। भास के इस नाटक में

'उरुभंगम्' नाटक का एक दृश्य

एक विलक्षण बात यह है कि यहाँ चरित्र रंगमंच पर आने के बाद लौटता नहीं है। अन्त तक वह मंच पर ही बना रहता है।

आपने इस रंग-स्थिति को कैसे साधा है ?

मैंने यह जानने की कोशिश की है कि भास क्या कहने का प्रयत्न कर रहे हैं। क्योंकि यहाँ बोले गये संवादों से अधिक महत्त्व चरित्रों की उपस्थिति का है और उपस्थिति का अर्थ यह है कि वह संवादों को सुन रहा है और उन पर निर्णय दे रहा है। मसलन, बलराम मंच पर आने के बाद दुर्योधन से संवाद करते हैं और फिर धीरे से चुप हो जाते हैं। वे शुरू में क्रोधित रहते हैं लेकिन दुर्योधन के चरित्र को विकसित होते देखकर बलराम की अपेक्षाएँ शान्त होती जाती हैं। नाटक में अपेक्षाओं का कम होते जाना भी चरित्र के विकास का द्योतक होता है। इस विकास को समर्थन देने ही बलराम शान्त मुद्रा अपना लेते हैं। वे शान्त रहकर यह कह रहे हैं कि वे दुर्योधन की दृष्टि का समर्थन करते हैं। वरना बलराम और दुर्योधन के बीच बहस होती। इस नाटक की सबसे बढ़िया बात दुर्योधन का सन्तोष है। यह किसी भी अन्य त्रासद चरित्र से अलग है। वह कहता है कि मैंने

'उरुभंगम्' नाटक का एक दृश्य

इतनी तरह के बलिदान किये और जो भी किया एक राजा की तरह किया। एक राजा को यही करना चाहिए था। राजा सामान्य व्यक्ति नहीं होता। वह कहता है कि जो भी जीवन में करने योग्य है, वह कर चुका है इसलिए उसे कोई पछतावा नहीं है। यही दुर्योधन के चरित्र को महान् बनाता है : पश्चाताप का अभाव। इसे ही राजा की मर्यादा कहा जाता है।

मैं कलकत्ते में नाट्यशास्त्र पर एक विचार गोष्ठी के लिए गया। वहाँ कई तरह के तर्क-वितर्क चल रहे थे। रात को लौटकर मैं अपने कमरे पर आया। सुरेश अवस्थी, नेमिचन्द्र जैन, कमलेशदत्त त्रिपाठी आदि मुझसे कहने लगे कि तुम नाट्यशास्त्र पर इतनी बातें कर रहे हो, तुम संस्कृत का कोई नाटक क्यूँ नहीं करते? उन्होंने ही मुझे सलाह दी कि मुझे 'उरुभंगम्' करना चाहिए। मैंने उनकी सलाह मान ली और 'उरुभंगम्' को तैयार करने लगा। मैं उसे लेकर नाटकों के राष्ट्रीय समारोह में गया। प्रस्तुति देखकर उन लोगों को सन्तोष हुआ।

उसके पहले तक आपने कभी संस्कृत नाटक करने का विचार नहीं किया था?

मैं हमेशा से संस्कृत नाटक करना चाहता था। मैं उसकी योजना बनाता रहता था। संस्कृत नाटक करने के लिए तमाम तत्त्वों की आवश्यकता होती है। उसका संगीत भी विशिष्ट होता है। उसमें प्रयुक्त होने वाली गतियों के विषय में भी सभी अभिनेता-अभिनेत्रियों को ज्ञान होना चाहिए। मैंने सोचा कि इस सबमें समय लगेगा इसलिए मैं इसे बाद में करूँगा, लेकिन जब मुझे सेमिनार के बाद उन लोगों ने यह नाटक करने को कहा, मैं इसे करने में जुट गया।

क्या तब तक आप 'अन्धा युग' कर चुके थे?

हाँ।

'उरुभंगम्' और 'अन्धा युग' में महाभारत कथा की उपस्थिति के स्वरूप भिन्न हैं। 'अन्धा युग' में महाभारत की कथा धीरे-धीरे खुलती है जबकि 'उरुभंगम्' में सारी कथा एक बार में सामने आ जाती है, फिर नाटक में धीरे-धीरे उस कथा में अन्तर्भूत विचारों और संवेदनाओं आदि का विस्तार होता रहता है।

मुझे लगता है कि भास बड़े चतुर नाटककार थे। 'उरुभंगम्' में संवेदनाओं का स्वरूप बहुत अलग है। यहाँ भास युद्ध के परिणामों पर या उसकी विभीषिका पर विचार नहीं कर रहे, वे दुर्योधन के रूप में एक ऐसे व्यक्ति के कर्मों के फल पर विचार कर रहे हैं जिसने अपना कर्त्तव्य निभाया है। वे यह भी दर्शा रहे हैं कि मनुष्य को किस तरह का आत्मबोध होना चाहिए, उसे अपने ग़लत कर्मों का भी पछतावा नहीं होना चाहिए। इसीलिए इस नाटक में दुर्योधन प्रायश्चित्त नहीं करता। और न ही वह अपने प्रति करुणा जगाने की चेष्टा करता है। वह करुण स्थिति में नहीं है।

उसे किसी से भी करुणा की दरकार नहीं है?

वह अपनी पत्नियों से साहस के विषय में, कर्त्तव्य के विषय में कहता है। इस पर नाटक में भास ने जोर दिया है। यह नाटक ठीक-ठीक महाभारत नहीं है, इसमें भास ने महाभारत की अपनी व्याख्या प्रस्तुत की है। कहानी

अवश्य महाभारत से ही है पर नाटक में समझ भास की अपनी है।

इस नाटक में भास ने मनुष्य के कर्मों और उसकी फल के बीच के सम्बन्ध की अपनी ही व्याख्या रही है। वे इस नाटक में लगभग वही कह रहे हैं जो श्रीमद्‌भगवदगीता में श्रीकृष्ण अर्जुन से कह रहे हैं। यह नाटक एक तरह से दुर्योधन की गीता है?

यह अत्यन्त दार्शनिक नाटक है। इसमें भास अपना दर्शन दुर्योधन के माध्यम से हमें बतला रहे हैं। वे कह रहे हैं कि मनुष्य को अपना कर्त्तव्य

'उरुभंगम्' नाटक का एक दृश्य

निभा कर ही यह संसार छोड़ना चाहिये।

भास यह कह रहे हैं कि आप अपना कर्म कीजिये और निकल जाइये।

हाँ, यही।

क्या 'उरुभंगम्' जैसा आख्यान आपको साहित्य में कहीं और देखने को मिला है?

नहीं, क्योंकि भास बहुत अलग तरह के नाटककार हैं। उनकी लेखन-शैली चुनौतीपूर्ण है। वे लिखते समय स्वयं अपने को चुनौती देते चलते हैं। उनकी लेखन-शैली की प्रमुख बात यह है कि वे नाट्यशास्त्र की परिपाटियों को तोड़ना चाहते हैं। लेकिन तब भी उनके नाटकों में नाट्यशास्त्र की बारीकियाँ उपस्थित रहती हैं।

यह अपनी परम्परा से अनूठा सम्बन्ध है।

किसी भी नाटककार के लिए यह असम्भव है कि वह नाटक की पूरी कथा शुरुआत में ही कह दे लेकिन भास ठीक यही करते हैं। वे सारा महाभारत शुरुआत की आठ-दस पंक्तियों में कह देते हैं। वे इसके बाद तुरन्त ही अपने चरित्रों को स्थापित कर देते हैं और उनका इस तरह लिखना रंगनिर्देशक के लिए बड़ी चुनौती है। वह किसी भी चरित्र को इस तेज़ी से स्थापित नहीं कर सकता, हर चरित्र स्वत: स्थापित होता है, उसे स्थापित करने में किसी और की भूमिका नहीं होती। यह बड़ी चुनौती है। उनके नाटक छोटे होते हैं पर उनमें बहुत चुने हुए शब्दों का प्रयोग होता है। 'उरुभंगम्' की शुरुआत में सैनिकों के चरित्र अद्‌भुत ढंग से दृश्यों की रचना अपने संवादों के सहारे करते हैं। ये दृश्य कुरुक्षेत्र के हैं, इसका अर्थ यह हुआ कि भास युद्ध के परिणामों से पहले ही गुज़र चुके हैं, और वे परिणाम इस नाटक में दुर्योधन के संवादों में नहीं आते। युद्ध के परिणाम दर्शकों के मन में पहले ही जा चुके हैं और जब वे भीतर ही भीतर इसका सम्बन्ध दुर्योधन की स्थिति से जोड़ते हैं, उसका चरित्र ऊपर उठ जाता है। इस तरह दर्शकों के मन का आन्तरिक स्तर नाटक में शुरू से ही हिस्सेदारी करने लगता है क्योंकि सारे कुरुक्षेत्र को पहले विभिन्न दृश्यों के सहारे दर्शकों तक पहुँचाया जा चुका है। भास सिर्फ़ गद्य लेखक भर नहीं थे, वे महान् कवि भी थे। दो-तीन सैनिकों के चरित्रों के सहारे उन्होंने जो युद्ध का वर्णन किया है, वह अद्‌भुत है। लेकिन इन सबको घटनाओं की तरह दिखाया गया है। मानो कि भास कह रहे हों कि यहाँ देखो, यह बलराम हैं, यहाँ देखो, ये अश्वत्थामा हैं; ये देखो, ये दुर्योधन हैं; ये देखो, ये रहा

उनका परिवार! नाटक में सिर्फ़ इतना ही है। इस नाटक में भास अलग-अलग चरित्रों के बारे में बयान भर करते हैं। यह इस नाटक की बहुत अजीब बात है।

इन्हें आपस में जोड़ने वाला आख्यान अलग से नज़र नहीं आता?

हाँ।

और इसलिए किसी भी रंगनिर्देशक के सामने यह नाटक बड़ी चुनौती पेश करता है कि वह इन अलग-अलग स्थितियों को अपने रंग-व्यवहार से जोड़ने की कोशिश करे।

इसीलिए इस नाटक को करने में अत्यन्त नाट्यधर्मी व्यवहार की आवश्यकता पड़ती है वरना इस नाटक को बाँधने वाला सूत्र मिलना मुश्किल होगा।

रंगनिर्देशक को यहाँ ऐसे सूत्र को रचना होगा।

हाँ, छोटी-छोटी चीज़ों के सहारे।

ताकि आप एक स्थिति से दूसरी में पहुँच सकें?

मसलन, सैनिकों के चरित्रों के आख्यान को लें। वे उसमें गदा-युद्ध का वर्णन करते हैं। वे सिर्फ़ इतना ही कहते हैं। भास इस गदा-युद्ध के वर्णन को चतुराईपूर्वक दुर्योधन के प्रवेश से जोड़ देते हैं, लेकिन बलराम के प्रवेश के साथ ही नाटक में जटिलता का प्रवेश हो जाता है। दुर्योधन ही तीन वाक्यों में बलराम से अपने साथ हुए धोखे के विषय में कहता है पर वह उन्हें कुछ करने को नहीं कहता। लेकिन बलराम अपने आप इस मुद्दे को उठाने की बात कहते हैं और वे इस पर निर्णय भी देते हैं। ये थोड़े से संवाद मुझे बहुत उत्तेजक जान पड़ते हैं और इनमें अनेक बातें आ जाती हैं।

मैं समझता हूँ कि एक रंगनिर्देशक की तरह आप भी जीवन का वर्णन करने में अधिक रुचि लेते हैं बनिस्बत उसे किसी आख्यान

में ढालने के। मसलन 'ऋतुसंहार' और 'किंग ऑफ़ द डार्क चेम्बर' में आप मुख्यतः वर्णन करते हैं।

मैं सूक्ष्मताओं में जाना चाहता हूँ। मैं नाटककार को सहयोग देने की कोशिश करता हूँ। टैगोर जैसे नाटककार की कल्पना उनके शब्दों में निहित होती है। उससे दृश्यों का निर्माण होता है। टैगोर यह वर्णन करते हैं कि रानी राजा के विषय में क्या महसूस करती है, वह सोचती है कि वह कैसा दिखता होगा। ये सारी कल्पनाएँ रानी सुदर्शना के मन में हैं। लेकिन जब सुदर्शना राजा के विषय में यह कहती है कि वह ऐसा दिखायी देता होगा या वैसा, मैं यह सोचता हूँ कि यह नाटक के लिए पर्याप्त नहीं है। आपको नाटक में मन की इन छवियों को रंगमंच पर लाना होता है ताकि आप रानी की अनुभूति की बारीकी और उसकी गन्ध को रेखांकित कर सकें। मेरे विचार से इस नाटक में टैगोर की कल्पना अलग है और रानी की कल्पना अलग और मैं जो कल्पना कर रहा हूँ वह तीसरी बात है। इस तरह नाटककार, चरित्र और रंगनिर्देशक साथ आ जाते हैं और यह तब तक नहीं हो सकता जब तक आप दृश्य की सूक्ष्मताओं में नहीं जाते।

शायद इसीलिए रानी अपने मन से जो राजा की छवि बना रही है उसे आपने रंगमंच पर मूर्त रूप देने की चेष्टा की है। मुझे लगा कि नाटक में लिखे शब्द आपके लिए उन खिड़कियों की तरह होते हैं जिन्हें खोलकर आप यह देखते हैं कि बाहर कौन-सा दृश्य आकार ले रहा है और फिर आप उस दृश्य को मूर्त रूप देते हैं। आप एक के बाद दूसरी शब्द-खिड़की या शब्द-झरोखा खोलकर दृश्य देखते चलते हैं और फिर उन्हें रंगमंच पर उतारने की कोशिश करते चलते हैं। इसलिए आप शब्द को बनाये रखकर भी उसके परे के दृश्य को रचने में सफल हो जाते हैं। आमतौर पर नाटकों में शब्द दृश्य के स्थान पर आते हैं पर आपके नाटकों में शब्द और दृश्य दोनों एक साथ रहते हैं। यह आपके नाटकों की विलक्षणता है कि रंगमंच पर उपस्थित दृश्य अत्यन्त आकर्षक होता है पर साथ ही शब्दों की चमक भी बनी रहती है।

शब्दों को समझना बहुत कठिन है, शब्द के भार को समझना। वह कपास

की तरह हल्का हो सकता है, वह लोहे की गेंद-सा भारी भी हो सकता है। जब आप पंख जैसे हल्के शब्द की बात करते हैं या आप 'पंख' शब्द की बात करते हैं, आपको पंख की कोमलता दर्शानी होगी पर उसे बिना रंग के दर्शाया नहीं जा सकता। जब तक रंग नहीं है, कोमलता नहीं होगी। रंग की बात करने पर ही कोमलता आयेगी। शब्द द्वारा वर्णित रंग, शब्द का वज़न और साथ ही शब्द की धुन और उसके अर्थ पर ठहरना होता है। अगर ऐसा न होता तो फिर ऐसा क्यों है कि दिसम्बर २०१२ को लिखा गया नाटक सन् २०१३ तक नहीं जा पाता और तीन हज़ार साल पहले या ढाई हज़ार साल पहले लिखा गया नाटक आज भी जीवन्त है। यह दरअसल इसे रचने वाले कवि/नाटककार की विशेषता के कारण है जिसकी कल्पना तीक्ष्ण है और उसके यहाँ वर्णन की विविधता भी है। वहाँ वह स्पर्श भी है जो हम कभी अनुभव नहीं कर पाते। बादलों से उड़कर पंख नीचे पृथ्वी पर आ रहा है, हवा से वह उड़ाया जा रहा है, आप पंख के इस भटकाव का वर्णन करते हैं कि वह किस तरह उड़ता हुआ धीरे-धीरे भूमि पर आकर ठहर जाता है। बादल भी उड़ते हैं और पंख भी, इनका वर्णन करने पर किस तरह की अनुभूति जागृत होगी? यह सब महसूस करने का विषय है। मैं ही बादल हूँ, मैं ही पंख हो जाता हूँ, मैं ही सब कुछ हो जाता हूँ और अपनी इस अनुभूति का अन्यों से साझा करता हूँ। पर यह भी है कि हम जो साझा करना चाहते हैं, वह हरेक के कानों या मन तक न पहुँच पाय लेकिन हम कोशिश करते हैं। वह जारी है।

आप जब कोई नाटक पढ़ते हैं, मसलन जब आपने 'व्हेन वी डेड अवेकन' पढ़ा, आपके दिमाग़ में नाटक का क्या स्वरूप बना? मैं यह इसलिए पूछ रहा हूँ क्योंकि उसे पढ़कर शायद ही किसी और पाठक के मन में उस तरह की छवियाँ बन पाती हैं जैसी आपकी प्रस्तुति में दिखायी दी थी। जबकि आपकी प्रस्तुति देखने के बाद यह महसूस होता है कि यह नाटक ऐसे ही होना था। कई कवियों के मन में कविता की शुरुआत किसी पंक्ति से होती है, कई के मन में किसी छवि से, कई के मन में यह शुरुआत किसी धुन से होती है। मैं यह जानना चाहता था कि आपके मन में किसी नाटक की प्रस्तुति की शुरुआत किस तरह होती है?

'वेन वी डेड अवेकन' नाटक का एक दृश्य

नाटक को पढ़ने के बाद मैं यह सोचता हूँ कि उसे प्रस्तुत करना बहुत कठिन है। मुझे लगता है कि यह नाटक मुझे चुनौती दे रहा है और इसके कुछ तत्त्वों को तो प्रस्तुत किया ही नहीं जा सकता। यह नामुमकिन वाली भावना लगातार दिमाग़ को कौंचती रहती है और मैं यह भी सोचता रहता हूँ कि दुनिया में मेरे जैसा बेवक़ूफ़ निर्देशक हो नहीं सकता जिसके दिमाग़ को कोई रास्ता नहीं सूझ रहा और दूसरी ओर मैं नाटककार को देखता हूँ जिसने कितनी सुन्दरता से अपना नाटक लिखा है। मैं उस नाटक पर चौबीसों घण्टे सोचता रहता हूँ। उस पर मैं कई तरह से सोचता हूँ। मैं यह समझने की कोशिश करता हूँ कि नाटक के कथ्य की क्या माँग है। इसे करने की क्या शैली होनी चाहिए। मसलन, हम जानते हैं कि इब्सन यथार्थवादी लेखक हैं पर उन्होंने अपने इस नाटक 'व्हेन वी डेड अवेकन' को अलग तरह से लिखा है। वे यहाँ यथार्थवाद से बहुत दूर चले गये हैं इसलिए इसकी यथार्थवादी ढंग से प्रस्तुति नहीं की जा सकती। जब आप इब्सन के इस नाटक को पढ़ते हैं, आपको यह समझना चाहिए कि वह

'वेन वी डेड अवेकन' नाटक का एक दृश्य

क्या सोच रहा है। यह नाटक बेहद व्याख्यापरक है। यह अख़बार पढ़ने से शुरू होता है। लेकिन मैंने ख़ुद से कहा कि अख़बार छोड़ देते हैं क्योंकि यह नाटक स्मृति और समय के बारे में है। हमने सोचा स्मृति को कैसे लाएँ? क्योंकि स्मृति ही रूबॉक की मित्र आयरिन को उपस्थित करती है। समय का जायज़ा कैसे लिया जाये? यह संगीत के सहारे होता है। आज अगर आप किसी पुरानी फ़िल्म का गाना सुनें, आपको यह याद आ जायेगा कि जब आपने यह गाना पहली बार सुना था, आप क्या कर रहे थे या आपकी क्या अवस्था थी। एक ही नाटक स्मृति और समय की भी बात कर रहा है और असीमित इच्छाओं की भी। यह सोचना आवश्यक है कि नाटक किन-किन चीज़ों पर निर्भर है। उदाहरण के लिए, इब्सन के इस नाटक में अनेक छिपे हुए अर्थ हैं, उन्हीं छिपे हुए अर्थों पर सारा नाटक निर्भर है।

भास के नाटक ऐसे नहीं हैं। भास की शैली इससे उलट है। वे शुरू में ही सब कह देते हैं। उनके नाटकों में एक पंक्ति ही में ही सारा कुछ कह दिया जाता है और फिर उसी के आधार पर पूरा नाटक विकसित होता है।

'नाइन हिल्स वन वैली' नाटक का एक दृश्य

इब्सन तकनीकी रूप से सक्षम आधुनिक नाटककार हैं और यूरोपीय हैं इसलिए वे तर्कणा (रीज़न) को कभी भूल नहीं पाते लेकिन इस नाटक में आते-आते तर्कणा (रीज़न) धुँधली होती गयी है। वह एक दूसरे ही स्तर पर पहुँच गयी है और उसी स्तर पर इब्सन अपनी स्मृतियों को तैरते हुए दृश्यों में उपस्थित करते हैं। इसीलिए मुझे अपनी प्रस्तुति इसी सबके अनुरूप शुरू करनी होती है। कथ्य को टुकड़ों में विभाजित करना होता है और फिर यह देखना होता है कि कौन-सा टुकड़ा अधिक महत्त्व का है और तब उसे अधिक रेखांकित करना होता है, कुछ अन्य टुकड़ों पर कम ज़ोर देना होता है। इस विभाजन को ढूँढ़कर निकालना होता है। यह समझना होता है कि जो बात नाटककार कहना चाह रहा है, उसकी धुन कैसे बनेगी, नाटक के संवाद मेरे कानों में किस तरह गूँजते हैं और मेरी आँखों के सामने क्या आ रहा है? यह नाटक मेरी सभी इन्द्रियों को कब और कैसे छू रहा है? यह बहुत आवश्यक है कि निर्देशक स्वयं आश्वस्त हो। उसे यह नहीं लगना चाहिए कि वह ख़ुद को धोखा दे रहा है। नाटक सिर्फ़ प्रेक्षकों के लिए ही करना ठीक नहीं है। मैं कई ऐसी चीज़ें भी करता हूँ, जो प्रेक्षकों के लिए नहीं हैं, शायद वे सिर्फ़ मेरे लिए हैं। जब आप स्वयं को विश्वास दिला पाते हैं, तभी नाटक विश्वसनीय हो पाता है। अगर आप आश्वस्त नहीं है तो प्रस्तुति में सुन्दर लगती चीज़ों को भी काट देना चाहिए। यह सारी प्रक्रिया प्रयोगशाला में किये कार्य जैसी है।

> अगर आप कोई प्रस्तुति तैयार कर रहे हैं और बीच रास्ते में आपको यह लगता है कि आप उसमें आश्वस्त नहीं हैं, तब क्या आप उस प्रस्तुति को करना बन्द कर देते हैं?

बिल्कुल। यह कई बार हुआ है कि नाटक को उसके लगभग समापन तक तैयार कर लिया और फिर छोड़ दिया।

> ऐसा कौन-सा नाटक है जो आप बहुत सालों से करना चाहते हों, पर कर नहीं पा रहे?

मुझे चुनौतियाँ पसन्द हैं। वे नशे की तरह होती हैं। पाठ ऐसा होना चाहिए जो मुझे चौबीसों घण्टे परेशान करे। उसे उत्तेजक होना चाहिए और मेरी

ओर यह चुनौती फेंकना चाहिए: तुम बेवकूफ हो, तुम मुझे नहीं कर सकते...। लेकिन ऐसी एक कृति है जिसे शायद बहुत कम लोगों किया है: कॉलरिज की 'द राईम ऑफ़ द एनशिएंट मेरीनर'। इस कविता में छन्द और गद्य दोनों ही हैं, साथ ही बहुत सुन्दर दृश्यावली है। लेकिन मुझे इसे करने का समय नहीं मिला।

(२३ दिसम्बर, २०१२)

रतन थियाम और उनकी माँ

चौदह कविताएँ

रतन थियाम

मणिपुरी से अनुवाद : उदयन वाजपेयी

(यह अनुवाद मणिपुरी रंगकर्मी जदुमणि सिंह की सहायता से किये गये हैं और ये कविताएँ रतन थियाम के 'सानागी थम्बल' और 'ताला पामेल नहकछु' नामक संग्रहों से हैं।)

प्रेम का अनुवाद करने पर

मेरा एक-एक शब्द मोती होता
मेरा प्रेम मणि होता
मोतियों की माला में बिंधा हुआ
मैं बहुत ख़ुश होता
तुम्हारे गले में रहने से

चेंही[१] से महकते तुम्हारे बालों को
मैं महीन सफ़ेद ओढ़नी
बन ढँकना चाहता हूँ
अपनी चिरन्तन आकांक्षा के
माड़ से उसे तैयार करना चाहता हूँ

लहरों की तरह ऐड़ी उठाकर चलते
तुम्हारे क़दमों के पीछे मैं आहट बनकर
आना चाहता हूँ, उसकी ताल में
लय होना चाहता हूँ

मैं तुम्हारे क़दमों के नीचे की
गीली मिट्टी बनकर तुम्हारे भार की
कोमलता को जानना चाहता हूँ

---

१. चेंही चावल के पानी में औषधियाँ उबालकर बनाया जाने वाला पारम्परिक द्रव्य है, जो मणिपुर में बालों को धोने और मजबूत करने लगाया जाता है।

प्रेम की अदालत

तुम्हारे चेहरे पर ग्रहण छा गया है
मैं कुछ नहीं कर सकता

सही है

काले धब्बे लग गये

गवाह के समक्ष
स्वीकृति-पत्र पर हस्ताक्षर कर
प्रेम शुरू नहीं किया था
ग़लत ठहराने की कोशिश करते समय
तुम भी जीते
मैं भी जीता

मेरी आँख में आँख डालो
सीने की धड़कन की आवाज़
नमकीन आँसुओं को रोक
हम एक बार एक दूसरे से पूछ तो लें!

दरवाज़े पर फूलों का गुच्छा

अरसा हो गया
उस हँसी की आवाज़ सुने
किसी ने लटका दिया है
कमरे के दरवाज़े पर
ताज़े फूलों का गुच्छा

वह धीरे से बिस्तर से उठकर
दीवार की ओर आकर
खड़ा हो गया
सोचने लगा,
आज कौन-सी तारीख़ है ?
वह थोड़ा और आगे चला
तस्वीर के फ्रेम पर जाले लगे हैं
पीले पड़े हाथों से उसने
तस्वीर को पोंछा है
पुरानी तस्वीर उभर आती है
दीवार से निकल सीने पर
आने लगती है
वह उसे थाम लेता है कसकर
कुछ देर बाद
उसे सीने से अलगाता है
ध्यान से देख उसे फिर पोंछता है

वह चमचमाने लगती है

दरवाज़े पर लटकता फूलों का गुच्छा
झाँकने लगता है उसमें से!

चौबीस घण्टा

समय को चौबीस घण्टों ने
जकड़ रखा है
सुकून से बात करना है तो
चौबीस घण्टों के बाहर के
समय में तुम आओ
मैं तुम्हारा इन्तज़ार करूँगा
बीते हुए समय को
अभी के समय में बदलकर
पहली मुलाक़ात के
क्षण से शुरू करें!

लीला

मेकअप पूरा हो गया?
नकली चोटी लगाओ!
ओढ़नी में पिन टाँक दो
आईना, आईना, आईना
शुरू होने में क्या देर है?
संवादों को शुरू से आख़िर तक
दोहरा लो मन में
बड़ बड़ बड़ बड़
ये बोलो
वो ये जवाब देगा
मुझे आगे जाना है
एक दो तीन क़दम
उसे पीछे सरकना है
प्रकाश गुल
अन्धकार
मुझे यहाँ खड़ा होना है उस अन्धकार में
मेरे हाथ में क्या चीज़ है?
फिर हँसना
तेज़ हँसना
फिर आँसू बहाकर रोना
संवाद बोलना सिसकते हुए
मरना
धीरे-धीरे प्रकाश का लोप

मद्धिम प्यारा संगीत
तालियों की गड़गड़ाहट
अन्धकार में विंग्स की ओर प्रस्थान...

क्या सच बोलना अश्लील हो गया

हिलाये जाने से पहले हल्के हरे जल में
तैरता दृश्य सुन्दर जान पड़ता है

लेकिन
पति ने अपनी गर्भवती नववधु को
अस्वीकार कर दिया
क्योंकि : रंग-बिरंगे वस्त्र पहने
उन पाँच लोगों ने रात में
एक के बाद पत्थर फेंक कर
तैरते दृश्य को बिखेर दिया

मशालों की मद्धिम रोशनी में[१]
बुज़ुर्ग स्त्रियाँ उसी बात पर
फुसफुसाती हैं :
मिट्टी का तेल ख़त्म हो गया,
तेल लाने वाली गाड़ी को
औरों ने रोक लिया,
वह बहुत दिनों से यहाँ नहीं आयी

इन दिनों सूर्य अजीब तरह से उगता है
धूप में जाने पर

१. मणिपुर में स्त्रियों का एक संगठन है : 'मैरा पाईषी'! इस संगठन की सदस्य रात में मशाल लेकर गाँव की रखवाली करती हैं। पहले इसका उद्देश्य नशाबन्दी था, बाद में फ़ौज से बचना हो गया।

मनुष्य की काली परछाईं
पाँच-छह होकर पीछे आती है
उन्हें भय से, भ्रम से
आया कहा जाता है

लोकप्रिय अख़बार के पहले पन्ने के
चौथे कॉलम में गर्भवती नववधु पर
उसके पति के मन की बात
मसालेदार बनाकर प्रकाशित है कि
पण्डित जन उस पर
बहस कर सकें

पुराना ज़माना रहा होता तो
सभी लोग सपरिवार गाँव भाग गये होते
हल्के हरे जल पर
पत्थर फेंकना मैं नहीं देखना चाहता
मैं नहीं...

वसन्त–विचार

द्वार बन्द करने से
विचारों के प्रवेश को रोक सकते हो?

अगर ऐसा होता, हर आदमी
द्वार बन्द कर लेता।
मरने से कहीं पहले
बीमारी के विचार से
अस्पताल में जाकर मनुष्य मर जाता है

धूल से ढँके होने के बाद भी
सन्ध्या के सूर्य की लालिमा
सुन्दर बनी रहती है
आँख बचाने की सोचकर उन्हें बन्द करने से
वह कैसे दिखायी देगी?

पतझर में गिरे पत्ते और निर्पर्ण
वृक्ष में भी रमणीयता है
क्या होगा हर समय
वसन्त चाहने से?

मरे हुए युवक की तस्वीर पर
बरसों बाद फूल चढ़ाने वाले की
आँख में वह युवा ही बना रहता है

मृतक भी वसन्त ही है!

मुट्ठी भर मिट्टी

तेज़ चाकू ने
शरीर को चीर दिया
मिट्टी की गन्ध आयी
सौंधी गन्ध मिट्टी की

मरा होगा देश की खातिर
उसी की मिट्टी की गन्ध आ रही है

पोस्टमार्टम के समय
मिट्टी की गन्ध फैल गयी है चीलघर में

मरते हुए साँप की आँखों में
अन्त तक मारने वाले की तस्वीर
बनी रहती है वैसे ही
उसकी आँखों में उन लोगों की तस्वीर है

बात सही-ग़लत की नहीं
उसने अपनी सोच को
मर कर प्रस्तुत कर दिया

कसकर बँधी हुई उसकी हथेली को खोलकर देखा
वहाँ मुट्ठीभर मिट्टी थी!

मानोगे नहीं

दुःख के टुकड़ों को बाँट कर खा लें

इस भारी बोझ को

बहुत समय से
तुम्हें सौंपने की सोचकर
तुम्हारे लिये भी ले आया हूँ,
मेरे प्रिय मित्र

जीवन-ऐड़ी[१]

यह यूँ ही घूमता नहीं रहेगा
घूम-घूम कर गिरने को हो जायेगा

१. मणिपुर में तौलिये को मरोड़कर उसमें ऐड़ी डालकर साफ़ करने का रिवाज़ है।

वह स्त्री

सूर्योदय के पहले
बर्तन माँजती है
घर के एक कोने से
दूसरे, आँगन से तुलसी चौरे
तक को लीपती है
नहाती है
अगरबत्ती और दीपक जलाती है
इस बीच चाय बनाना
खाना तैयार करना
स्कूल जाते बच्चों को खिलाना
बड़े-बूढ़ों को धोती देना
दफ़्तर जाने वालों को भोजन परोसना
घड़ी, क़लम, रूमाल, पतलून, क़मीज देना
जूता चमकाना
साईकिल निकालकर साफ़ करना
आदमी के एवज़ में शादी, तेरहवीं
बरसी में जाना

वरना
ख़ुद दफ़्तर जाना
फटी ऐड़ी को तौलिये पर घिसकर
जल्दी से साफ़ करना
बाज़ार जाना-आना
उधार सामान लेना

उधार चुकाना
किटी पार्टी में वक़्त पर पहुँचने के लिए
साधारण पोशाक पहिनकर पड़ोस में जाना
घर बुलाना
टेलीविज़न पर कुछ देर फ़िल्म देखने के दौरान
दाल के उफ़न कर गिर जाने पर भागना
बाहर से सूखे कपड़े उठा न पाने के कारण
सास से डाँट खाना
फ़म्जाओ[१] पर मच्छरदानी लगाना
हड्डी-पसली टूटे थके शरीर में
थोड़ी-सी झपकी लेना
बगल में सोते बच्चे के
नींद में बड़बड़ाने पर
उसे चादर उढ़ाना
घर के अहाते में लड़ती बिल्लियों को भगाना
करवट बदलकर सोने की कोशिश करना

सर्दियों की ठण्डी रात है
गुड़ी-मुड़ी सो रही वह स्त्री है
रात बहुत छोटी है
सूर्योदय होने को है
उसे मत जगाओ
थोड़ी और देर सो लेने दो

१. फम्जाओ बड़े पलंग को कहते हैं।

कारोबार

इसके बदले वो दे दो
लो रख दिया इतना पैसा
तुम्हारी लक्मई[१] की चीज़ें मैंने ले लीं
तुम्हें मैंने ये दे दिया तो
क्या तुम मुझे वो नहीं दोगे?

तुम्हारी ख़ातिर सोच को बेचूँगा,
तुम कितना दे सकोगे, मैं अपनी
सोच का एक टुकड़ा बेचकर तुमसे
ठीक उसी के बराबर का टुकड़ा लेना चाहता हूँ
इस जीवन में बिना कारोबार के
जी रहा एक भी मनुष्य ढूँढ़कर लाओ
बिना कारोबार का वह अकेला जी सकेगा
मरते दम तक वह शान्ति से रहेगा

धूप, दीप, प्रसाद, फूल चढ़ाकर
कुछ रुपये देकर ईश्वर की
दुकान के तराजू पर अपनी सारी
उम्मीदें रखकर माँग करना भी तो
कारोबार ही है!

---

१. लक्मई बाँस की बड़ी-सी ट्रे को कहते हैं, जिसमें सब्ज़ी रखकर बेची जाती है।

उम्मीद का पौधा

फुर्ती से कपड़े पहिनकर
जूता पहिनकर फुर्ती से बच्चों ने
मन भर की किताबें पीठ पर लाद लीं
माँ के पल्लू की अमोल निधि[१]
पिता के हृदय का मणि

माता-पिता की उम्मीद का
सबसे ऊँचा पेड़
वह ऊपर-नीचे आने-
जाने का खेल खेलता है[२]

---

१. पल्लु में बेशक़ीमती चीज़ें बाँधने का रिवाज़ है।
२. केले के पेड़ पर तेल लगा दिया जाता है और फिर उस पर चढ़ने-उतरने का खेल खेला जाता है।

श्मशान घाट

बिखरे हुए
कुछ मुरझाये फूलों को लेकर
तुम श्मशान घाट से लौट जाओ

लीपे हुए मेरे शरीर पर
छोटे-छोटे झण्डे गाड़कर
उन सब लोगों को गये
बहुत देर हो चुकी

यह विलाप दोबारा न करना कि
मैं असमय मर गया :
गर्भ में बढ़ते शिशु का पालन-पोषण करो

मेरे जैसे उसके चेहरे को देख
सान्त्वना पा लो
जब तक मेरा बेटा मानुषी भाषा समझने न लगे
सूखे हुए फूलों को ध्यान से रखे रहो

कुछ बरस बाद एक दिन
उसे साथ लेकर मेरे श्मशान घाट आना
अपनी चादर के छोर पर बँधी
सूखी पँखुड़ियों को उसकी अंजलि में देकर
मेरे ऊपर बिखरा देना

क्योंकि—
मैंने हर पँखुड़ी पर लिख दिया है :
आत्मा की स्वाधीनता से अधिक
आनन्द सारे संसार में कहीं नहीं है!

इण्टरव्यू कल है

अब की बार वह बच्चा बी.ए. पास हो गया। वो इंगोबी
स्वस्ति पूजा[१] के अगले दिन उसका पिता ग़ायब हो गया था
तब माँ सौरी में ही थी

उन दिनों इम्फ़ाल शहर में सिनेमा का आख़िरी शो
देखकर गर्मियों में लोगों के झुण्ड
अपनी कमीज़ें उतारे लौटते थे

खुत्लंग इसै[२] का युग समाप्त होने के बाद
शहरी लोकगीत का स्थान ले चुके
हिन्दी फ़िल्मी गानों की तेज़ आवाज़ आ रही है
बारिश के महीने में ख्वायरम्बन बाज़ार[३] के स्ट्रीट लैम्प के नीचे
ख़ुश्बुदार नाउशेकों[४] को पकड़ा करते थे

शापम हेरा सिंह असम में व्यापार के लिए
ग़ायब नहीं हुआ है
बोन्दिला[५] में कपड़े सिलने नहीं गया है
बोकाचन में लट्ठे लेने नहीं गया है
मक्कुकचुंग[६] में गाड़ी चलाने नहीं गया है
दीमापुर में जुआ खेलने नहीं गया है
शिलोंग में किसी खासी औरत से
ब्याह कर नहीं रह गया है

लेकिन उसके ग़ायब होने के कुछ समय बाद
एक बदलाव आया इम्फ़ाल शहर में

घूमना बन्द हो गया अर्ध-रात्रि में
बार-बार जाँच होती है रास्ते में
सुनायी दे जाती हैं बन्दूक की आवाज़ बार-बार

आख़िरी शो बन्द हो गया
बन्द हो गया ज़ोर से गाना-गुनगुनाना

आँखों में ख़ून से रंगे
इतिहास के पन्ने देख-देखकर
इंगोबी बड़ा हुआ
बन्द बोलना
रहते हैं चुपचाप
घूर कर देखते हैं

कल नौकरी के बाज़ार में
वह क्लर्क का इण्टरव्यू देने जायेगा
उसे बहुत कष्ट से पाला गया है कि
वह माँ का सहारा बन सके

नौकरी नहीं मिली तो वह कहाँ जायेगी?

उसे पिता याद आये!

---

१. मणिपुर में स्वस्ति पूजा जन्म के पाँचवें दिन की जाती है।
२. खुत्लंग इसै खेती-बाड़ी करते समय या पहाड़ पर लकड़ी काटते समय या झील में नाव चलाते समय गाया जाता है। इस लोकगीत में लड़का और लड़की एक दूसरे को घुमा-फिराकर प्रेम निवेदन करते हैं ('तुम अभी अपने पिता के आँगन में बैठी कपड़ा बुन रही है / कल पता नहीं किस आँगन में फूल-सी खिलोगी!') इस गीत की धुन में पुकार होती है।
३. ख्वायरम्बन इम्फ़ाल का मुख्य बाज़ार है।
४. नाउशेक पानी का कीड़ा है जिसे मणिपुर में खाया जाता है। इसे केले के तने की चटनी में डाला जाता है।
५. बोन्दिला और बोकाचन असम के शहर हैं।
६. मक्कुकचुंग नागालैण्ड और मणिपुर की सीमा पर है।